Hans Lietzmann, Hermann Usener

Catenen

Mitteilungen über ihre Geschichte und handschriftliche Überlieferung

Hans Lietzmann, Hermann Usener

Catenen
Mitteilungen über ihre Geschichte und handschriftliche Überlieferung

ISBN/EAN: 9783743458956

Hergestellt in Europa, USA, Kanada, Australien, Japan

Cover: Foto ©ninafisch / pixelio.de

Weitere Bücher finden Sie auf **www.hansebooks.com**

CATENEN

MITTEILUNGEN ÜBER IHRE GESCHICHTE UND HANDSCHRIFTLICHE ÜBERLIEFERUNG

VON

LIC. **HANS LIETZMANN**

MIT EINEM BEITRAG VON PROF. DR. HERMANN USENER

FREIBURG I. B.
LEIPZIG UND TÜBINGEN
VERLAG VON J. C. B. MOHR (PAUL SIEBECK)
1897

VORWORT

Diese schrift, die auf eine ebenso wichtige wie unbenutzte quelle altchristlicher griechischer literatur hinweisen und zu ihrer methodischen verwertung einige anregungen geben will, bedarf schwerlich einer rechtfertigung für ihr erscheinen, wohl aber für die durch ihre entstehungsgeschichte bedingte unvollkommene form.

Den plan, einen catalog aller catenenhandschriften zusammenzustellen, fasste ich im vorigen herbst, als mir ein kurzer aufenthalt in Paris gelegenheit bot, einige catenen einzusehen. war mir schon vorher aus den drucken die wichtigkeit dieser literaturgattung klar geworden, so erstaunte ich doch nicht wenig über die ungeheure fülle des noch gänzlich unbenutzten quellenmaterials, welches die handschriften boten. als mich daher der februar dieses jahres wieder nach Paris führte und ich selbst durch andere aufträge in anspruch genommen war, nahm ich das anerbieten meiner mutter, die sich zum copieren von hss. bereit erklärte, mit freudigem danke an. indessen war auch diesmal die zeit, die dem catalog gewidmet werden konnte, infolge ungünstiger umstände eine sehr geringe: sie umfaßte nur die letzten wochen unseres Pariser aufenthaltes. die auf seite 35 ff. gegebenen auszüge und beschreibungen sind zum weitaus größten teil von meiner mutter nach meinen angaben angefertigt. da ich selbst in den bibliotheksstunden vollauf anderweitig beschäftigt war, so konnte ich in der regel nur nach schluß des manuscriptensaales in der salle des imprimés handschriften benutzen, was mir die verwaltung des département des manuscrits in liebenswürdigster weise gestattete. hier habe ich dann die nachprüfungen, vergleichungen sowie die auszüge aus schwerer lesbaren hss. hergestellt. Gern hätte ich alles herangezogen, was Paris an catenen besitzt, aber die kürze der verfügbaren zeit verbot es; so habe ich denn zunächst alle hss. ausgeschlossen, die keine autorennamen nennen (es sind dieselben, bei denen der alte catalog keine namen erwähnt), von neutestamentlichen catenen nur die zu den Evangelien berücksichtigt; auch sonst musste manche handschrift zurückstehen, die einer erwähnung wert gewesen wäre, manche probestelle konnte nicht mehr mit den parallelen hss. verglichen werden.

Doch denke ich, daß die auszüge auch in dieser gestalt ihren zweck, ein vorläufiges hilfsmittel zur vergleichung anderer catenenhss. und drucke sowie ein specimen eines catenencataloges zu sein, erfüllen können. was an mir liegt, werde ich thun, um besseres zu schaffen. Alles material, das ich aus anderen bibliotheken besitze, habe ich einstweilen zurückgestellt: in absehbarer zeit hoffe ich in gemeinschaft mit herrn Dr. Georg Karo in Florenz einen vollständigen catalog der wichtigsten bibliotheken Italiens, Frankreichs, Englands und Deutschlands zusammenstellen zu können; sollte es mir ermöglicht werden, auch die übrigen bibliotheken heranzuziehen, so wäre damit die wichtigste vorarbeit für die herausgabe der griechischen catenen gethan.

Zu den listen muſs noch bemerkt werden, daſs die bibelcitate überall auf capitel und vers der Septuaginta (und zwar in der Swete'schen ausgabe), im Neuen Testament auf Westcott und Hort's text hinweisen. in den texten sind alle fehler der hss. stillschweigend getilgt und auch im apparat fehlen in der regel alle varianten, die nur für den wortlaut des betr. fragmentes wert haben: daſs z. b. seite 51 nr. 20 D ἐν ἐκτάcει γενόμενος, C aber ἐν ἑκάcτῃ γενόμενος liest, ist für die bestimmung des fragmentumfanges und die classificierung der handschriften ohne belang.

Durch heranziehung der drucke soll die vergleichung der hss. mit den catenenausgaben sowie die controle der lemmata an der direkten überlieferung der commentare ermöglicht werden. die gedruckten fragmente, die ihrerseits wieder aus catenen stammen, konnten diesem zweck nicht dienen und sind deshalb fast durchgängig unberücksichtigt geblieben; wer sie zu rate ziehen will, kann sie mit hilfe von Bardenhewers Patrologie leicht finden.

Es ist mir eine angenehme pflicht, an dieser stelle allen den herren meinen herzlichen dank auszusprechen, die durch ihre freundliche hilfe meine arbeit gefördert haben: die verwaltung der handschriftenabteilung der Pariser nationalbibliothek gewährte mir für die benutzung der handschriften die liberalsten bedingungen und gab mir auch auf eine spätere anfrage in liebenswürdigster weise auskunft. ebenso hat mir die verwaltung der Münchener hof- und staatsbibliothek die nötigen catenendrucke auf aussergewöhnlich lange zeit zur benutzung übersandt, und ohne das freundliche entgegenkommen des directors der Bonner bibliothek, des herrn geheimrats Schaarschmidt, wäre mir der nachweis der vätercitate unmöglich gewesen. herrn professor S. Berger, der mir auch in Paris bereits hilfreich beigestanden hatte, sowie herrn Dr. E. Wahl verdanke ich nachträge zu einzelnen stellen der listen. bei der correctur unterstützten mich die herren Dr. E. Diehl und cand. phil. Th. Nissen. vor allem aber bin ich meinem hochverehrten lehrer, herrn geheimrat Usener, dank schuldig, der mich die patristische literatur richtig werten und behandeln lehrte, der auch an der entstehung dieser arbeit den liebenswürdigsten anteil nahm und sie sogar durch ein für die kenntnis der überlieferungsgeschichte wertvolles beispiel methodischer catenenbehandlung bereicherte.

Bonn, am 7 october 1897

H. Lietzmann

INHALT

BEDEUTUNG der altchristlichen exegese 1.

LITERATUR: Simon. Ittig. Walch. Fabricius. Wolf. Augustin. Mai. Pitra 3. Pusey. Swete. Lagarde. Zahn. Wendland. Cohn 4. Preuschen. Ehrhard. Brooke. Bratke. Eisenhofer. Klostermann 5. Bonwetsch. Achelis 6.

PRINCIPIELLES 6.

ZUR ÜBERLIEFERUNGSGESCHICHTE der catenenhandschriften: randcatene 9. text.-catene 11. eintragung der namen: schwarz im text 12. bunt im text 13. namen am rande 14. doppellemmata 15. willkürliche änderungen. umstellungen. versehen 16.

ÜBERSICHT über das vorhandene material: catene zum Octateuch und zu den Königsbüchern 17. Psalter 19. Salomonische schriften. Iob 22. Propheten 23. Evangelien 24.

SCHLUSS: plan eines catenencataloges 26.

JULIAN VON HALIKARNASS von H. USENER 28.

AUSZÜGE AUS PARISER CATENENHANDSCHRIFTEN ZUM ALTEN TESTAMENT UND DEN EVANGELIEN 35. Octateuch und Königsbücher 37. Psalter 44. Salomonische schriften 57. Iob 65. Propheten 71. Evangelien 78.

REGISTER der beschriebenen hss. der Pariser nationalbibliothek 85.

Unter einer catene versteht man, im gegensatz zu dem umfassenderen namen florilegium, ein sammelwerk, welches speciell exegetische äusserungen verschiedener autoren als glieder einer grofsen kette aneinanderreiht, um ein biblisches buch zu erklären: dadurch soll der leser in den stand gesetzt werden, sich in jedem einzelnen falle in kürzester frist mit den ansichten der bedeutendsten exegeten der kirche bekannt zu machen und sich darnach seine eigene meinung zu bilden. Da uns nun solche sammlungen in grofser anzahl fast zu allen büchern Alten und Neuen Testamentes erhalten sind, so besitzen wir in ihnen eine reichlich fliefsende quelle für die kenntnis der altkirchlichen bibelerklärung. Aber bei der ausserordentlich geringen beachtung, die auch heute noch in theologischen kreisen vielfach der patristischen exegese zuteil wird, ist es notwendig, vor jeder anderen erörterung hier die einem philologen oder historiker überflüssig klingende frage zu beantworten: Was nutzt uns die bibelerklärung der alten kirche? Freilich, wer an die schriften der alten exegeten in der hoffnung herantritt, etwas ohne weitere behandlung für seine eigenen bedürfnisse brauchbares antreffen zu können, der wird schwerlich seine rechnung finden. ganz leer aber wird auch ein solcher nicht ausgehen, denn zumal die forscher Antiochenischer schule haben in vielen dingen einen so richtigen blick und feinen takt bewiesen, dass wir heute noch von ihnen lernen können. Um einige beispiele zu nennen: auf die thatsächlichen hohen verdienste des Johannes Chrysostomos für die erklärung der gleichnisse Jesu hat A. Jülicher[1] aufmerksam gemacht. den positiven ertrag altchristlicher exegese für unsere kenntnis der vorstellung vom Antichrist hat W. Bousset[2] gezeigt, und noch kürzlich konnte A. Hilgenfeld[3] gegenüber der deutung von I Cor. 7, 16 f. durch B. Weifs auf Chrysostomos verweisen, der das richtige bietet. Ein beispiel statt vieler möge hier platz finden: die viel gequälte stelle Philipp. II 6 οὐχ ἁρπαγμὸν ἡγήσατο τὸ εἶναι ἴσα θεῷ 'er hielt es nicht für einen raub, gott gleich zu sein' erklärt Theodor von Mopsuestia[4] so: "Rapere hominibus est moris illa, ex quibus aliquid adquirere sese posse existimant. dicimus enim frequenter quoniam 'rem illam rapiendam existimauit' hoc est 'cum celeritate illud suscepit quasi quia magnum illi lucrum possit conferre'. hoc ergo dicit

---

[1] Die Gleichnissreden Jesu 1886 s. 225 ff. bes. 291.
[2] Der Antichrist 1895.
[3] in der Berliner philol. Wochenschr. 1897 s. 935.
[4] In epist. Pauli comment. ed. Swete 1880 I s. 215.

de Christo 'quoniam non rapinam arbitratus est, ut sit aequalis deo' hoc est 'non magnum reputauit illam quae ad deum est aequalitatem et elatus in sua permansit dignitate, sed magis pro aliorum utilitate praeelegit humiliora sustinere negotia quam secundum se erant et quidem cum in forma dei exstaret." d. h. er zieht zur erklärung eine vulgäre redensart ἁρπαγμὸν ἡγήσασθαί τι = 'etwas für einen guten fang ansehen' heran und übersetzt: Christus hielt die gottgleichheit nicht für ein glücklich erworbenes gut, das er auf jeden fall festhalten müsse, sondern er entäusserte sich selbst ihrer u. s. w., eine erklärung, die so einfach und schlagend den sinn der stelle aufdeckt wie keine andere: Lightfoot[1], der offenbar nichts von dieser Theodorischen exegese weiss, hat die entdeckung selbständig wiederholt und giebt zugleich auch die nötigen belegstellen für den sprachgebrauch an.

Aber auch im günstigsten falle werden solche stellen selten sein und nicht den hauptantrieb unserer beschäftigung mit patristischer exegese bilden. vielmehr wird das ziel einer historischen untersuchung dieser literatur ein doppeltes sein: durch eindringende analyse muß festgestellt werden, was an den zahllosen erklärungen wichtiger stellen altes, durch die tradition gegebenes material, was subjective zuthat des autors, seiner quelle, seiner schule ist, und an der hand der brauchbar erfundenen reste geschichtlicher erinnerung und altchristlicher anschauungsweise werden wir den weg nach vorne, in das dunkle land des urchristentums zu wandeln versuchen müssen, einen weg, den Usener durch seine religionsgeschichtlichen untersuchungen[2] gebahnt hat. aus den teilen jedoch, die sich als eigentümlichkeit des verfassers und seiner zeit zu erkennen geben, wird neues licht auf die charaktere der einzelnen kämpfer in bewegter zeit wie auf die kämpfe selbst fallen, wenn wir die schmiede aufsuchen, aus der die im hellen kampf geschwungenen schwerter hervorgingen.

Hier setzen die catenen ein und füllen die große lücke, die durch den verlust so zahlreicher patristischer werke unserm wissen entstanden ist. alle bedeutenden theologen der alten zeit haben beisteuern müssen zur bereicherung dieser sammlungen, und wenn auch die exegeten des IV und V jahrhunderts am ausgiebigsten verwertet worden sind, so ist doch der auf den größten aller Vornicäner, den Origenes, fallende anteil so groß, dass auch bei der beschränkung auf jene zeit der ertrag die mühe lohnen wird. Indessen bis vor wenigen jahren noch ist die wissenschaftliche behandlung der catenenliteratur innerhalb der patristischen forschung in demselben maße vernachlässigt worden, wie diese selbst von dem ungeheuren fortschritt der theologischen erkenntnis ausgeschlossen blieb.

Allgemein gehaltene erörterungen über catenen findet man schon in den älteren werken, welche um der aufgabe ihres themas zu genügen und der

---

[1] Saint Paul's epistle to the Philippians⁶ 1881 s. 111.
[2] Religionsgeschichtliche Untersuchungen I Das Weihnachtsfest 1889.

vollständigkeit halber auch diesen zweig patristischer literatur behandeln mußten: so besonders in angenehmer form in R. Simon's histoire critique des principaux commentateurs du Nouv. Test. 1693[1], der zugleich wertvolle winke zur benutzung der Pariser handschriften beisteuerte. Rein bibliographisch verfährt Th. Ittig de bibliothecis et catenis patrum variisque veterum scriptorum ecclesiasticorum collectionibus... tractatus. Lipsiae 1707. 8°. Etwas ausführlicher berichtet Walch-Danz bibliotheca patristica 1834[2]. Indessen das eigentliche standard work auf diesem gebiete ist die bis heute noch unentbehrliche, weil unübertroffene zusammenstellung gedruckter und handschriftlicher catenen bei Fabricius im VIII bande der 1802 zu Hamburg erschienenen, von Harles besorgten ausgabe seiner bibliotheca graeca[3]. hier findet man nicht nur genauen bericht über die sämtlichen druckausgaben und ihre quellen, auch die damals bekannten handschriftencataloge sind nach catenen durchsucht, anderwärts edierte prologe noch ungedruckter catenen werden mitgeteilt und endlich allenthalben sorgfältige register der autoren zu den gedruckten catenen gegeben, durch die man nicht nur erfährt, wer citiert wird, sondern auch wie oft und wo fragmente des gesuchten autors vorkommen. Speciell haben sich in älterer zeit mit catenen beschäftigt I. C. Wolf in einer Wittenberger dissertation[4] von 1712, und in einer Halleschen vom Jahre 1762 J. F. S. Augustin[5]. Wolf spricht zuerst über die mutmaßlichen ältesten verfasser von catenen — er ordnet Olympiodor, Oecumenius, Niketas — und geht dann nach einigen allgemeinen auslassungen zur besprechung der drucke über, giebt einige nachträge zu Ittigs bibliographie[6] und handelt dann ausführlich über englische catenenhandschriften. auch heute noch wird jeder, der englische catenenhss. bearbeitet, gut thun, sich durch Wolfs bemerkungen die vorarbeit zu erleichtern. Nur über neutestamentliche catenen spricht sich Augustin aus und liefert hauptsächlich eingehende untersuchungen der commentare des Theophylakt, Euthymius Zigabenus, Oecumenius, Andreas und Arethas.

In unserem jahrhundert hat bis vor nicht langer zeit die catenenforschung überaus langsame fortschritte gemacht: nur Angelo Mai[7] und J. B. Pitra[8]

---

[1] s. 422 ff.
[2] s. 196 ff.
[3] s. 639 ff.
[4] Catenas patrum Graec. easque potissimum mss .... praeses Jo. Christophorus Wolfius ... et respondens Cornelius Bohlmannus ... ex codd. quibusdam Anglicanis eruditis contemplandas sistent ac specimina quaedam earum exhibebunt III. Kal. April. an. CIƆIƆCCXII Vitembergae. 40 s. kl. 4°.
[5] De catenis graecorum patrum in Novum Testamentum observationes. Halle 1762. kl. 4°.
[6] interessant ist die nachricht, dass sich in einer zu Basel 1537 in quart lateinisch erschienenen catene zum Römerbrief stellen aus Titus v. Bostra contra Manichaeos finden.
[7] in 'classici auctores' 'veter. script. nova coll'. 'nova patr. biblioth.'
[8] in den 'analecta sacra'.

edierten aus Vaticanischen handschriften grosse mengen neuer fragmente, aber ohne sie zu bearbeiten — und eine kritische sichtung, deren notwendigkeit auch die herausgeber anerkannten, war jedem dritten in der regel unmöglich. Ph. E. Pusey[1] benutzte zur wiederherstellung der letzten beiden bücher des Kyrillschen Johannescommentars catenenhandschriften, und H. B. Swete[2] suchte und fand in ihnen griechisch manche stelle aus Theodors von Mopsuestia lateinisch erhaltenem commentar zu den kleineren Paulinischen briefen. auch sonst zog mancher die hss. gelegentlich wohl einmal zu rate, aber immer mit dem angesichts des sprichwörtlichen 'chaotischen wustes der catenen' sehr erklärlichen bewufstsein, ein opus super erogatum zu thun. Erst P. de Lagarde[3] trat in seiner einschneidenden recension der Dindorfschen Clemensausgabe mit der forderung hervor, dafs eine systematische benutzung der catenen bei der herausgabe eines kirchenschriftstellers ganz unerlässliche bedingung sei: zugleich gab er selbst eine leider durchaus verunglückte (s. s. 18 anm. 1) probe von der bedeutung der Catena Lipsiensis für den Clemenstext.

Th. Zahn[4] hat sich als der erste unter den neueren die aufgabe gestellt, eine catene als ganzes zu behandeln und zu untersuchen. bei gelegenheit der frage nach einem Hoheliedcommentar des Theophilus von Antiochien führte er, soweit dies ohne weitere handschriftliche mittel möglich war, durch eingehende analyse den beweis, dafs die catene Procops zum Canticum die kleinere von Meursius gedruckte bereits vorgefunden und ausgiebig benutzt habe. im dritten teil seiner 'forschungen'[5] stellte er sodann unter benutzung von zwei Münchener handschriften die von Clemens Alexandrinus erhaltenen catenenreste zusammen. Auf der suche nach Philofragmenten hat dann P. Wendland[6] in mustergiltiger weise den catenenartigen commentar des Procop von Gaza zum Octateuch durchgearbeitet, in dem er zahlreiche spuren Philonischer weisheit nachwies. zugleich deckten aber seine untersuchungen das enge verhältnis dieses kommentars zu der allgemein verbreiteten 'Catena Lipsiensis', der grossen Octateuchcatene, auf. Den faden ergriff da, wo ihn Wendland fallen liess, sein freund und mitarbeiter L. Cohn[7] mit der behauptung, dass die Catena Lipsiensis das verloren geglaubte grosse werk des Procop, die ἐκλογαί zum Octateuch seien. Wendland[8] stimmte ihm im wesentlichen bei und entwarf unter bezugnahme auf die in vorbereitung befindliche kirchenväterausgabe der Berliner Akademie einen plan zur herausgabe zunächst der

---

[1] Cyrilli Alex. in Joh. Evang. 1872. 3 bde. 8°.
[2] Theod. episc. Mopsuest. quae supersunt in epist. b. Pauli comment. Cambridge 1880—82. 2 bde. 8°.
[3] Gött. gel. Anz. 1870 s. 801—824; jetzt Symmicta 1877 s. 10 ff.
[4] Forschungen z. Gesch. d. Kanons II 1883 s. 238.
[5] a. a. o. III 1884 s. 4 ff.
[6] Neuentdeckte Fragmente Philos. 1891.
[7] Jahrb. für protest. Theol. 1892 III s. 874 ff.
[8] daselbst im Nachtrag s. 490 ff.

Octateuchcatene: 'Die ἐκλογαί des Procop, wenn wir sie einst wiedergewonnen haben werden, werden eine unschätzbare Quelle für die kirchliche Literatur sein. Die königlich preussische Akademie der Wissenschaften in Berlin hat das grosse Werk eines Corpus patrum antenicaenorum in Angriff genommen. Möchte sie auch der von mir bezeichneten Aufgabe, deren Erfüllung mir eine für die Ausgabe mancher Kirchenschriftsteller (z. B. des Origenes) unentbehrliche Vorarbeit zu sein scheint, näher treten'. Ihm pflichtete E. Preuschen[1] bei, der für Harnacks altchristliche Literaturgeschichte die behandlung des capitels über die catenen übernommen hatte: er beginnt seine ausführungen mit den worten: 'Eine Ausgabe der KVV ist undenkbar ohne eine vorhergehende Bereinigung der in den zahlreichen Kettencommentaren und den Florilegien niedergeschlagenen Überlieferung. Man kann Origenes, Hippolyt, Dionysius von Alexandrien, Eusebius von Cäsarea nicht herausgeben, solange nicht diese Literatur, in der sich ein guter Bruchtheil der Überreste dieser productiven Schriftsteller auf unsere Zeit hinübergerettet hat, bearbeitet ist'. er giebt sodann eine zusammenstellung der gedruckten und ein — freilich der ergänzung bedürftiges — verzeichnis der handschriftlich überlieferten catenen. Zuletzt lieferte einen auch durch zahlreiche treffende einzelbeobachtungen wertvollen überblick über die catenenforschung unter vervollständigung des von Preuschen beigebrachten materials A. Ehrhard[2], der sich, was die frage nach der wichtigkeit dieser literatur anbelangt, durchaus auf Wendlands seite stellt.

Über catenenhandschriften zum Johannesevangelium handelte im ersten bande der von Armitage Robinson herausgegebenen Texts and Studies A. E. Brooke[3] und in den studien und kritiken von 1895 auf grund von zwei Münchener hss. E. Bratke[4], der im folgenden jahre in der Zeitschr. f. wiss. Theologie[5] die identität einer im Monac. gr. 131 erhaltenen Hohdliedcatene mit der des Procop erkannte und auf eine noch unentdeckte Proverbiencatene als auf ein die herausgabe lohnendes werk dieses autors hinwies. L. Eisenhofer[6] fertigte neuerlich einen umfangreichen index alles bei Procop sich findenden fremden eigentumes.

E. Klostermann, der bereits 1894 in den Texten und Untersuchungen[7] die starke benutzung der nur in Rufins übersetzung erhaltenen Origeneshomilien zu Josua durch die Octateuchcatene gezeigt hatte, würdigte jüngst in seinen ausführungen über die überlieferung der Jeremiahomilien des Origenes[8] auch

---

[1] bei Harnack Gesch. der altchrist Lit. bis Euseb. 1893 s. 835—842.
[2] bei Krumbacher Gesch. d. byz. Lit.² 1897 s. 206 ff
[3] Texts and Studies I 4. 1891 s. 19.
[4] Stud. und Krit. 1895 s. 361—372.
[5] Z. w. Th. 1896 s. 303—312.
[6] Procopius von Gaza 1897
[7] Texte und Untersuchungen hrsg. von v. Gebhardt u. Harnack XII 3.
[8] a. a. O. Neue Folge I 3.

die catenen in gebührendem mafse, und seine im Anhang A gebotene tabelle aller in betracht kommenden catenenfragmente weist ein günstiges ergebnis bezüglich der sicherheit der überlieferung auf.

N. Bonwetsch berichtet in den Göttinger Nachrichten[1] eingehend über die zeugen für den text des im ersten bande des 'Berliner Corpus'[2] edierten Hippolytischen Danielcommentars, worunter sich auch handschriften der Danielcatene befinden, die er in seiner ausgabe zur herstellung des teils im griechischen original erhaltenen, teils durch die slavische übersetzung controlierbaren textes verwertet.

Nicht so günstig liegen die verhältnisse bei den catenenfragmenten, die H. Achelis in demselben bande des Berliner Corpus herausgab. hier ist nirgendwo ein anderweitiges hilfsmittel zur sichtung der catenenfragmente gegeben und wir sind nur auf die überlieferung der catenenhss. angewiesen: gerade in solchen fällen zeigen sich die vorzüge und nachteile der kettencommentare in ihrem vollen lichte, und gerade für solche fälle hatte Wendlands aufforderung, die catenen herauszugeben, festen grund schaffen wollen. Allein für die Genesis hat Achelis 21 hss.[3] eingesehen, aus denen er 50 'echte' nebst 28 'unechten' fragmenten bietet. über die verwertung dieser quellen berichtet er in den Hippolytstudien: er teilt die hss. in drei klassen: 1 die Baseler, vertreten durch Bas. A N III 13 und vielleicht Petropol. 122. 2 die Moskauer, vertreten durch Mosq. 385 s. X Regin. 7 s. XV Barberin VI 8 s. XV. 3 die Nikephoros-klasse durch alle übrigen: wie er diese klassen gewonnen hat, setzt er nicht genauer auseinander, dagegen erfahren wir[4]: 'Ich glaubte zu bemerken, dafs auch gerade geringfügige Versehen, wie Itacismen und dergl. über Verwandtschaft der Handschriften instruieren. Und die Varianten sind fast das einzige Mittel, die Masse der Handschriften in Gruppen zu teilen. Aber sie leisten diesen Dienst auch vollkommen; nicht nur, um die drei grofsen Klassen festzulegen; sie lassen auch innerhalb der Nikephoros-Klasse noch kleinere Gruppen finden.' als ob die so häufigen auslassungen und verkürzungen, vor allem aber die umstellungen ganzer fragmentmassen nicht das von selbst gegebene und unveränderliche fundament einer richtigen classificierung sein müfsten! glücklicherweise ist denn auch jene maxime nicht zur unterscheidung der drei hauptklassen angewendet worden: hier hat, wie sich bei näherer prüfung des apparates ergiebt, Achelis nach dem vorkommen der einzelnen fragmente ab-

---

[1] Nachr. der K. Ges. d. Wiss. zu Göttingen. phil.-hist. Klasse 1896, 1 s. 16—42.

[2] Die griechischen christlichen Schriftsteller der ersten drei Jahrhunderte. Herausgegeben von der Kirchenväter-Commission der Königl. preufsischen Akademie der Wissenschaften. Hippolytus, erster Band. Leipzig: Hinrichs 1897. gr. 8°.

[3] in den Hippolytstudien (Texte und Unters. N. F. I 4) s. 94 ff. behandelt er die überlieferung betreffenden fragen eingehend.

[4] Hippolytstudien s. 108.

geteilt, und zwar hat er, soweit man einstweilen darüber urteilen kann, das verdienst, zuerst die hauptüberlieferungszweige der Octateuchcatene aufgewiesen zu haben: nur wird man nicht den Moskauer codex mit dem herausgeber als führer der 2. klasse bezeichnen dürfen, da er von den 45 in dieser recension sich findenden fragmenten nur 12 besitzt. Was wir aber nicht erhalten und mit hilfe nur des gegebenen materials auch nicht erhalten können, was wir aber doch, bevor von recensio des textes die rede sein kann, notwendig haben müssen, ist eine darlegung des verhältnisses dieser drei klassen zu einander, um so mehr als Achelis diesen befund zum kriterium der echtheit der einzelnen fragmente machen will: er sagt[1]: 'Zunächst sind die Fragmente am besten bezeugt, die von allen drei Handschriften-klassen als Hippolytisch bezeichnet werden; die am wenigsten gut, denen das Zeugnis nur einer Klasse zur Seite steht. Aber es ist auch zweifellos, dass die Kritik über dies äusserliche Kriterium hinausgehen kann und muss. Denn auch in der ersten Zeit der Überlieferung, die von den drei Klassen gemeinsam bezeugt wird, können sich Fehler eingeschlichen haben.' schwerlich wird jemand ein allein durch B, den vertreter der ersten klasse, gebotenes fragment mit gleichem maasse messen, wie eins, das sich nur in den doch (manche- spuren- jüngeren- einflusses- aufweisenden) anderen klassen findet. was wir brauchen, ist eine deutliche charakteristik der drei klassen hinsichtlich ihrer composition, wir müssen ihre art zu arbeiten kennen, um zu wissen, ob sie auch im stande sind, das zu leisten was sie versprechen. und was von diesen klassen gilt, das gilt in weit höherem grade noch von der catene als solcher. mit recht macht Achelis darauf aufmerksam, dass auch in der ältesten uns erreichbaren form fehler wahrscheinlich seien. wie sollen wir uns da helfen? der canon 'alles unverdächtige ist echt' kann doch nicht massgebend sein. denn wenn ein äusserlich durchaus gut bezeugtes fragment zufälligerweise eine angabe enthält, aus der wir seine unechtheit erschliessen können, werden wir dann einem anderen, in dem unser lückenhaftes wissen einen solchen anhaltspunkt eben so zufälligerweise nicht finden kann, mehr vertrauen entgegen-bringen dürfen? zutrauen zu jeder catenenüberlieferung werden wir vielmehr erst dann haben können, wenn wir die arbeitsweise des compilators untersucht haben und wissen, zu welchem zwecke und unter welchen gesichtspunkten er diesen oder jenen autor excerpirt. insbesondere wird bei jedem einzelnen fragment die umgebung sorgfältig zu prüfen sein: wenn ein als Hippolytisch bezeichnetes stück zwischen zwei ihrem umfang nach genau controlierbaren, richtig als solche angegebenen Chrysostomusfragmenten steht, so werden wir eine gröfsere bürgschaft für die echtheit haben, als in dem falle, dafs vor oder nach dem betreffenden excerpt sich uncontrolierbare fragmente mit nachweislich falschen lemmata befinden. stellt sich aber einmal ein fragment als sicher unecht heraus, obgleich es mit dem lemma

---

[1] Hippolytstudien s. 106.

Ἱππολύτου versehen ist, so wird der herausgeber versuchen müssen zu erfahren, woher der falsche name an diese stelle geriet: es könnte sein, dass er der letzte rest eines in der einen hss.-klasse verlorenen, in einer andern sich aber noch findenden echten fragmentes ist. Achelis erklärt[1]: 'Ich habe lediglich den Befund von 21 Handschriften mitgeteilt, ohne etwas hinzuzufügen oder abzustreichen. Und nach dem handschriftlichen Befunde habe ich die Fragmente in echte und unechte zerlegt. Nach dem Stande der Sache ist eine derartige Scheidung durchführbar, wenn auch zugegeben werden muss, dass sich unter den 'unechten' Fragmenten hie und da ein echtes, auch unter den 'echten' ein unechtes finden mag. Innere Kritik zu üben lag für den Herausgeber keine Veranlassung vor.' ja, wenn nun aber die inneren kriterien nur in den seltensten fällen einen dienst, und zwar nur einen negativen, leisten, und wir der handschriftlichen überlieferung erwiesener maassen auch nicht ohne weiteres trauen können, so befinden wir uns in der unbehaglichen lage, von den 50 'echten' fragmenten auch nicht ein einziges gegebenen falles zur grundlage einer wissenschaftlichen combination machen zu dürfen, weil wir keinerlei methodisch unanfechtbare gewähr für seine echtheit besitzen und stets damit rechnen müssen, dass die überlieferung uns täuscht. sicher gehen können wir hier nur, wenn uns nicht nur die das fragment betreffenden näheren umstände bekannt sind, sondern auch die gesamtüberlieferung der catene an allen controlierbaren stellen einer eingehenden prüfung unterworfen worden ist. das ist vielleicht nicht sache des herausgebers, sondern des benutzers der fragmente, aber das material zur prüfung muſs ihm der herausgeber darbieten. mit anderen worten: eine sammlung von kirchenväterfragmenten wird nur dann die von dem heutigen stande der wissenschaft erforderte brauchbarkeit besitzen, wenn die einzelnen stücke nicht in der atomistischen weise der ausgaben Mai's und Pitra's, sondern im zusammenhang der catene vorgelegt werden, d. h. wenn die catene selbst ediert wird. erst müssen wir die catene als ganzes kennen und prüfen, ehe wir ihre bestandteile benutzen dürfen. das hat bereits 1892 Wendland ausgesprochen, wenn er die herausgabe der Octateuchcatene als eine für die edition mancher kirchenschriftsteller notwendige vorarbeit bezeichnete.

Dass wir durch eine derartige sammlung uncontrolierbarer stücke nichts sicheres gewinnen, giebt Achelis selbst zu, wenn er zu den aus Vatic. 1802 entnommenen fragmenten der Proverbiencatene[2] bemerkt: 'auch unter den Fragmenten I—XXIX sind wohl noch einige, welche die Überschrift Ἱππολύτου im Vaticanus 1802 mit Unrecht tragen. Und selbst bei den echten ist es oft schwer zu bestimmen, wie weit die Worte des Hippolytus reichen, und wo ein anderer Autor fortführt' und seine ausführliche darstellung in den Hippolytstudien[3] giebt ein treffend gezeichnetes bild des thatbestandes: Achelis selbst

---

[1] Hippolytstudien s. 106.
[2] in der Hippolytausgabe s. 156.
[3] s. 137—155.

betont sehr energisch unsere einstweilige völlige unkenntnis der überlieferungsgeschichte der Proverbiencatene, über die er nur mit höchster vorsicht einige vermutungen äufsern könne: wer wird da den mut haben, eins der edierten fragmente für echt zu nehmen, oder als unecht zu verwerfen? und wenn dem so ist, so steht der wissenschaftliche ertrag ihrer herausgabe in keinem verhältnis zu der durch heranziehung und zweifellos peinlich genaue verwertung eines so grossen handschriftlichen materials verursachten mühe.

Doch um diesen so überaus skeptisch klingenden worten eine feste stütze zu geben und auch den nicht genauer mit dem entwickelungsgang der handschriftlichen catenenüberlieferung vertrauten lesern ein urteil zu ermöglichen, wird es nötig sein, an der hand eines für diese zwecke wohl ausreichenden materials eine kleine skizze der geschichte dieser handschriften zu entwerfen, wobei sich schliesslich auch ein wort über das verhältnis der uns bekannten recensionen wird sagen lassen.

Wohl bei keiner gattung von schriftwerken ist die äussere form von derartig hoher bedeutung für die überlieferungsgeschichte gewesen, wie bei diesen blütenlesen aus den werken verschiedener verfasser. deshalb ist es unumgänglich nötig, sich über alle solche rein äusserlichen momente rechenschaft zu geben, die auf die umgestaltung einer catene einwirken können und müssen, bevor man es unternehmen darf, sie als redende zeugen in fragen wissenschaftlicher kritik einzuführen.

Die eleganteste und vielleicht auch älteste gestalt des kettencommentars ist die der 'randcatene': auf einen genau vorher abgegrenzten platz in der mitte der seite malte der schreiber den heiligen text, um sodann auf dem umfangreichen, an fläche den textraum weit übertreffenden rand in enger geführten linien die erklärungen zu schreiben[1]. das verhältnis zwischen text und rand wird dabei zuweilen derartig verkehrt, dass auf 5—10 mit behaglichster buchstabengrösse geschriebene textzeilen 70 zeilen feiner randnoten kommen. das ist die regel in der für diesen catenentypus mustergiltigen handschrift der Pariser nationalbibliothek gr. 139.

Wenn soeben die gestalt der randcatene als die vielleicht älteste bezeichnet wurde, so gründet sich diese vermutung auf die einstweilen freilich nur auf sehr unvollständiger induction beruhende wahrnehmung, dass die vor dem XIII. jahrhundert liegenden handschriften durchaus eine vorliebe für sie zeigen. von den 54 im zweiten teil beschriebenen handschriften sind randcatenen: aus dem X jh. 6; XI jh. 6; XII jh. 5; XIII jh. 3; XIV jh. 1; XV—XVI jh. keine. dagegen bieten text und commentar fortlaufend hintereinander: aus dem X jh. 4; XI jh. 1; XII jh. 5; XIII jh. 10; XIV jh. 3; XV jh. 3; XVI jh. 8; dazu ist noch zu bedenken, dass drei von den vier dem X jh. angehörigen hss.

---

[1] ein gutes facsimile einer derartigen hs., des Marc. Ven. 17 findet man bei Wattenbach et von Velsen Exempla cod. graec. lit. minusc. script. Heidelberg 1878. tab. 10.

durchaus keine mustergiltigen catenen sind: coisl. gr. 10 enthält die stark verkürzte Psalmenrecension V (vgl. s. 54) und beweist grosse sorglosigkeit im setzen der namen; coisl. gr. 187 zeigt diese schlechten eigenschaften in erhöhtem maasse (vgl. s. 37) und coisl. gr. 8 (vgl. s. 54) verliert sehr bald seine catene gänzlich: die bücher Paralipomenon geben nur noch Theodoretauszüge, alle folgenden sind ohne commentar.

Nicht immer wurde ferner der bibeltext zuerst auf das pergament geschrieben: es finden sich handschriften, in denen der commentar stets eine genau abgemessene fläche bedeckt und so für den text auf jeder seite gleichviel platz freilässt. dies zeigt deutlich, dass zunächst die catene ohne rücksicht auf den umfang des textes geschrieben ward, dann erst trug man in den leeren mittelraum soviel text ein, als die erklärungen am rande verlangten. dieses geschäft konnte natürlich ebenso gut ein zweiter schreiber besorgen, zumal wenn der heilige text durch bunte oder goldfarbige tinte hervorgehoben werden sollte; aber auch bei einfacheren handschriften hat sich diese schnellere herstellungsart oft empfohlen. noch mehr: es war ja durchaus nicht notwendig, dass der textschreiber dasselbe exemplar benutzte, wie der copist des commentars: er hätte jenen nur in der arbeit gestört. deshalb gab man ihm ruhig ein anderes, welches dieselben dienste leistete. und dies ist ein umstand, der für die kritische behandlung von catenenhss. überall da von hoher bedeutung wird, wo man gesonnen ist, sie für die herstellung des bibeltextes heranzuziehen, und zu diesem zwecke text und catene in beziehung zu einander setzt. es ist durchaus nicht notwendig, dass eine derartig hergestellte handschrift des Octateuchs den text des VI jahrhunderts darum bietet, weil am rande Procops catene steht, aber ebensowenig wird man eine handschrift der Paulinischen briefe nur darum unbesehen verdammen dürfen, weil der rand ein Ocumeniusartiges sammelsurium trägt. in der regel werden ja solche schlüsse sich als richtig erweisen, aber auf ausnahmen wird man sich stets gefasst machen müssen: beruht doch auf ihnen allein die hoffnung, kritisch brauchbare minuskeln zu finden. dass dieser widerspruch zwischen text und catene aber nicht nur als möglich gedacht werden kann, sondern wirklich existiert, sieht man an solchen handschriften, welche im randcommentar selbst stichworte des textes anführen, auf den sich die folgenden erklärungen beziehen sollen: sobald sich an diesen stellen varianten zeigen, so legen sie unwidersprechlich zeugnis dafür ab, dass der bibeltext einer anderen vorlage entstammt, als sie der commentar voraussetzte.

Die verbindung zwischen text und catene wird auf verschiedenartige weise hergestellt. nur äusserst selten wird es dem leser selbst überlassen, nachzusuchen, zu welchem verse diese oder jene erklärung gehöre. meistens steht über den erklärten textworten ein zeichen wie ∼ ∹ o ∘ u. a. m., welches dann am rande da wiederholt wird, wo die catene zu der betreffenden stelle beginnt. dem schreiber der Iobcatene im Paris. gr. 151 haben diese zeichen derartig als integrierende bestandteile der catene gegolten, dass er bei der umwandlung seiner als randcommentar geschriebenen vorlage in eine fortlaufend mit dem text verbundene unverdrossen den jedesmal vorgesetzten textworten seine rot gemalten häkchen, schleifen und punkte beigab, obschon sie nunmehr gänzlich überflüssig waren. An stelle dieser zeichen finden sich überaus häufig die zahlen an den correspondierenden stellen im text und am rande, meistens in rot oder gold ausgeführt. da herrscht nun grosse willkür in beziehung auf den beginn einer neuen zahlenreihe: manche hss. fangen auf jeder seite, manche bei jedem capitel von neuem mit 1 an, ja es findet sich sogar die methode, mit 1 zu beginnen, unbekümmert um alle abschnitte bis 100 durchzuzählen und dann erst eine neue reihe anzufangen. auch werden, besonders in poetischen büchern, die verse numeriert und ihre zahlen in die catene eingetragen. Die dritte art der verweisung ist die s. 10 berührte durch stichworte, dergestalt, dass sich die anfangsworte des erklärten verses vor der zugehörigen catenenstelle, meist durch farben ausgezeichnet, wiederholen. indessen wird noch zu untersuchen sein, ob nicht diese verweisungsmethode ein anzeichen von umwandlung einer 'textcatene' in eine randcatene ist, worauf manche anzeichen hinzudeuten scheinen.

Die zweite hauptform des kettencommentars entstand dadurch, dass man auf einzelne versgruppen des heiligen textes die entsprechenden erklärungen folgen liess, die catene also auch auf den in jedem buche für den eigentlichen text bestimmten raum schrieb: wir wollen sie deshalb, da sich ein kurzer name als nötig erweist, 'textcatene' nennen. auf die wachsende beliebtheit dieser form in den späteren jahrhunderten ist schon s. 9 hingewiesen worden: im XVI jh. ist sie so sehr stil, dass der schreiber des Paris. gr. 148 sich veranlasst sah, seine vorlage, die prächtige randcatene gr. 139 dementsprechend umzugestalten, ja schon im XIII jh. können wir eine solche umformung am Paris. 151 constatieren. eine treffende parallele zu diesem wechsel der mode bieten aus dem gebiet der klassischen literatur u. a. die scholienhandschriften zu Euripides[1]. unter den von E. Schwartz aufgezählten codices haben die älteren (Marc. 471 s. XII; Vat. 909 s. XIII; Paris. 2713 s. XIII) durchweg den text des tragikers in der mitte der seite, die scholien am rande; vom XIV jh. an treten dagegen hss. auf, welche auf den text verzichten und nur die scholien, natürlich mit den unentbehrlichen stichworten, geben: zuweilen kommt dann der text des eben erklärten stückes, mit kurzen randbemerkungen geschmückt, als appendix hinterher.

Bei dieser form ist nun eine stehende regel, dass der bibeltext auf irgend eine weise äusserlich vor den worten des commentars ausgezeichnet werden muss. die einfachste art wendet der coisl. gr. 8 (X jh.) an: hier ist der text in schmaler, die catene in breiter columne geschrieben, ersterer also durch

---

[1] Scholia in Euripidem ed. E. Schwartz 1887—91. 2 bde.

'einrücken' gekennzeichnet. indessen ist diese altertümliche art sehr selten, ebenso wie die jüngere im Paris. gr. 212 (vgl. s. 84) angewendete methode der doppelten anführungszeichen. diese finden sich vielmehr mit vorliebe in älteren hss. einheitlicher commentare, etwa des Chrysostomos oder Theodoret u. a. hier wird bei beginn einer homilie der erste textabschnitt in unciale gewissermassen als überschrift vorangesetzt: von da an aber werden die textworte in einer zur-minuskel-neigenden halbunciale, oft auch ganz in minuskel geschrieben und am rande durch doppelte anführungszeichen dem suchenden leser bemerklich gemacht: einfache anführungshäkchen bezeichnen gelegentliche citate. in catenen wird der text weitaus am häufigsten durch unciale, in ermangelung dieser grössere minuskel, oder durch rote schrift markiert: ein ersatz für bunte tinte soll es offenbar sein, wenn im gr. 154 (XIII jh.) der für die textworte bestimmte raum zunächst gelb (ursprünglich wohl goldig) gefärbt und dann auf diesen hintergrund die schrift schwarz aufgetragen wurde. wenigstens hat der schreiber des coisl. gr. 12 (vgl. s. 55) zuerst dieselbe methode befolgt, solange seine goldfarbe reichte: als sie ihm ausging, schrieb er zunächst ruhig ohne hintergrund weiter, bis ihn das unpassende eines nicht genügend ausgezeichneten textes zur anwendung von wenigstens roter tinte bewog, die nun aber nicht etwa für den grund, sondern für die schrift selbst verwendet wurde.

Die gefahr, welche diese gestalt des kettencommentars bietet, erstreckt sich wiederum weniger auf die catene, wie auf den text: es ist das so berüchtigte 'eindringen von glossemen in den text', zu dem sich als complement auch das ausfallen von versen gesellt. hatte einmal ein schreiber, bei dem man, wenigstens in älterer zeit, mehr interesse für schöne buchstaben als für richtige texte wird voraussetzen dürfen, wenn ihm nicht beides gleichgültig war, ein stückchen commentar versehentlich mit in den imposanteren uncialbuchstaben geschrieben, so war es nur natürlich, dass sein nachfolger ihn getreulich copierte und alle weiteren desgleichen, bis jemand kam, der den auftrag hatte, aus einer dieser catenenhss. nur den bibeltext zu copieren, und dann ebenso ahnungslos wie seine vorgänger den commentarfetzen seinem heiligen texte einverleibte. der umgekehrte fall trat natürlich ein, sobald die vorlage irgendwo zu wenig ausgezeichnet hatte. wer minuskelhss. der Septuaginta und des Neuen Testamentes kennt, wird nicht lange nach beispielen zu suchen brauchen.

Die wichtigste und für die catenen bedeutsamste äusserlichkeit ist das anbringen der verfassernamen; wie, wo und in welcher form sie den auszügen beigefügt worden, ist von höchstem gewicht für die zuverlässigkeit ihrer überlieferung geworden.

Es giebt handschriften, in welchen die namen in schwarzer unciale am anfang eines jeden fragmentes im context der catene stehen: von den im zweiten teil beschriebenen sind es die codices Paris. gr. 155 s. X; 156 s. X;

163 s. XI; 209 s. XI/XII; coisl. gr. 8 s. X. 195 s X. diese sitte gehört demnach der älteren zeit an und ist bald prunkvollerer schreibkunst gewichen — leider, denn es erhellt ohne weiteres, dass sie die denkbar grössten garantieen gegen verschiebung der namen wie der fragmente bot. wenn hier der schreiber auch nur einigermaassen sorgfältig copierte, so mussten fehler ziemlich selten sein.

Anders wurde es schon, sobald die namen nicht mehr mit schwarzer, sondern mit roter oder goldener tinte an ihrem platze vor dem fragment eingetragen wurden. rote namen bieten die hss. Paris. gr. 139. 141. 146 X jh.; gr. 187. coisl. 23 XI jh.; gr. 128. 157. 158 und teilweise 202 coisl. gr. 7 XII jh.; gr. 129. 134. 151. 159. 162 coisl. gr. 5. 6. 17 XIII jh.; z. t. coisl. gr. 12 XIV jh.; teilweise gr. 130/2 XV jh.; gr. 133. 193. z. t. 171 und z. t. coisl. gr. 15 XVI jh. goldene tinte braucht gr. 189 XII jh. die einzeichnung der lemmata mit andersfarbiger tinte musste notwendigerweise eine fehlerquelle werden, sobald dies geschäft nicht sofort stattfand, wenn der schreiber an der betreffenden stelle angelangt war: und das wäre höchst unbequem gewesen. es war vielmehr selbstverständlich, dass zunächst alles schwarz zu schreibende erledigt wurde, und man erst dann zur roten tinte griff, um die einstweilen leergelassenen plätze auszufüllen. da wurden denn alle überschriften, anfangsbuchstaben abgesetzter zeilen, namen, custoden in den blattecken auf einmal abgethan, und wer dabei nicht umsichtig und sorgfältig verfuhr, liess manche stelle unausgefüllt, einfach weil er sie nicht sah. nun war es freilich für einen späteren copisten einer solchen handschrift nicht schwer, aus einem die zeile beginnenden ἔτροc das notwendige Πέτροc zu machen und ὐτὸc in Αὐτὸc zu verwandeln; aber wie, wenn vor einem fragment der verfassername fehlte? erraten liess er sich in der regel nicht. so blieb denn nichts übrig, als sich zu bescheiden und ohne den namen weiter zu schreiben. im günstigsten falle copierte man getreulich die lücke mit und schrieb das ganz richtige ΑΛΛΟC oder ΑΝѠΝΥΜΟΥ hinein, oder markierte ohne solche zuthat den beginn eines neuen fragments durch stärkere interpunktion am ende des vorigen. über kurz oder lang trat jedoch im laufe der weiteren überlieferung das in den catenen giltige erbgesetz in kraft, dass herrenloses gut dem jedesmal vorangehenden autor zufällt, so konnte ein fragment des Theodoret durch blosse auslassung des namens friedlich mit einer auseinandersetzung Kyrills zusammenwachsen, wenn sie sich nur zufällig gerade hinter ihr befand. Ein klassisches beispiel dafür bietet die catene zum Johannesevangelium rec. I an der s. 80 mitgeteilten stelle. die mit 4. 5. 6 bezeichneten fragmente findet man in Cramers ausgabe unter dem namen Theodorets abgedruckt. dagegen erheben aber die handschriften A und B widerspruch: durch starke interpunktion machen sie darauf aufmerksam, dass nur nr. 4 eigentum des Antiocheners sei, 5—6 dagegen, welche auch sie als ein fragment fassen, einem in ihrer vorlage ungenannten autor angehörten. als diesen unbekannten nennt E den Johannes Chrysostomus, und zwar mit unrecht; seine uns erhaltene homilie zu dieser stelle enthält die worte nicht. dieser name ist aber höchst wahrscheinlich durch conjectur entstanden: Chrysostomos ist der beliebteste und am häufigsten benutzte autor in den evangeliencatenen. wenn nun die interpunktion hinter dem vorangehenden fragment den schreiber nachdenklich gemacht hatte, so war der name des Johannes immer noch das wahrscheinlichste, was er raten konnte. statt der nr. 4 hat nun E ein in den andern hss. fehlendes Theodoretfragment. von alle dem weiss D nichts: hier ist 4 Basilius, 5 Origenes, 6 Ammonius zugewiesen. combinieren wir nun die zeugnisse von D und E mit den anderen aussagen, so erhalten wir etwa folgendes bild von dem hergang der verderbnis. die gemeinsame quelle hatte 4ᵃ Theodoret. 4 Basilius. 5 Origenes. 6 Ammonius. D zog die stelle aus, und liess dabei 4ᵃ weg. A und B thaten dasselbe, vergassen aber die namen und schrieben dafür das zu 4ᵃ gehörige ΘΕΟΔΩΡΗΤΟΥ vor 4; C schloss dann consequent auch 5 und 6 an 4 und damit an Theodorets namen an.

So konnte schon durch einfaches vergessen der namensnennung ein schwerer schaden für die überlieferung entstehen: ins ungemessene mussten sich die fehler vermehren, sobald man begann, die namen aus ihrer stelle im context der catene überhaupt zu verdrängen und an den rand zu verweisen, wie wir es in folgenden hss. finden: Paris. gr. suppl. 1157 X jh.; gr. 230 coisl. 24 XI jh.; 194. 212 XIII jh.; 135. 166. 208 XIV jh.; gr. 172. coisl. gr. 9 und z. t. 130/2 XV jh. gr. 131. 148 und z. t. coisl. gr. 15 XVI jh., wo überall die namen rot am rande stehen. schwarze namen am rande haben z. t. gr. 140. 155 X jh.; gr. 153. 154 XII jh.; 161 XIII jh. coisl. gr. 189 XV jh. 138 XVI jh. nur gr. 164 XI jh. und 189 XII jh. haben goldene namen teilweise am rande. der schaden, welcher hierdurch erwuchs, war doppelter natur: zunächst wurden die auslassungen bedeutend häufiger, da ja nunmehr keine lücke den rubricator an seine pflicht mahnte; wer mit schwarzer tinte die namen sofort am rande notierte, konnte genauer sein, freilich auch nur dann, wenn er wollte: gestört wurde man durch das fehlen der verfassernamen schwerlich, nachdem man sie erst einmal des glatteren lesens halber aus dem commentar entfernt hatte. so entstand denn im laufe der zeit das unermessliche heer von catenenhss., die, zuweilen nach einem schüchternen versuche am anfang, auf nennung der verfassernamen verzichten. und dies sind bei weitem nicht die gefährlichsten, da man einstweilen gezwungen ist, sie gänzlich beiseite zu lassen. die eigentlichen hemmsteine für kritische arbeit sind vielmehr die hss., die unermüdlich namen auf namen am rande verzeichnen und sich dadurch als reiche fundgrube ausgeben, solange man nicht durch bessere quellen im stande ist, sie zu controlieren. Denn abgesehen davon, dass die auslassungen der namen sich mehren müssen — durch das durchgängige wegfallen der die einzelnen fragmente räumlich auseinanderhaltenden lemmata ist die gefahr des zusammenwachsens verschiedenartiger glieder, die früher nur durch einen unglücklichen zufall herbeigeführt werden konnte, zu einer ständigen und allenthalben drohenden geworden. zuweilen liess man auch jetzt noch winzige spatien, in der regel aber begnügte man sich mit starker interpunktion am ende des fragments; meistens benutzte man den doppelpunkt oder das zeichen :∼ häufig genügte auch ein einzelner punkt. im günstigsten falle wurde der anfangsbuchstabe des neuen fragmentes dann rot ausgezeichnet. hier waren somit nicht nur die namen dem wegfall, sondern auch die fragmente hinsichtlich ihres umfanges überall der schädigung ausgesetzt. was die folge war, sehen wir beispielsweise in der IV recension der Matthaeuscatene (vgl. s. 83). der schreiber der hs. J las da in seiner vorlage (nr. 8. 9):

 ΒΑϹΙΛΕΙΟΥ ἔϲτι τι καὶ λογικὸν θέροϲ εἰϲ ὃ χρηϲτὰ τὰ τῶν ἐπιτηδείων ὀργάνων
  ...ϲυνδήϲονται τοὺϲ ἀϲτάχυαϲ. τούτοιϲ τοῖϲ θεριϲμοῖϲ διὰ τὸ
 ΙϹΙΔΩΡΟΥ μὴ ἔχειν πολέμου ὄργανον ἐν ταῖϲ καρδίαιϲ ἔδωκε δύναμιν
  ἀφιέναι τοῖϲ οἴκοιϲ δι' οὓϲ ἂν ἔλθωϲιν. τοῦτο οἶμαι δηλοῦν...

der name ΙϹΙΔΩΡΟΥ am rande hiess ihn im text nach dem beginn eines neuen fragmentes suchen: eine grössere interpunktion, die ihm geholfen hätte, fand er nicht, so riet er denn auf die nächststehende kleinere und stellte den namen so, dass man ihn nunmehr auf τοῦτο οἶμαι δηλοῦν als den anfang des Isidorfragments beziehen muss. der druck des Corderius beginnt, offenbar richtig, bei τούτοιϲ τοῖϲ θεριϲμοῖϲ mit dem neuen absatz. ganz entsprechend lesen wir gleich darauf (nr. 11. 12)

 ΧΡΥϹ' καίτοι οὔπω ἦν πνεῦμα δεδομένον. οὔπω γὰρ ἦν φηϲι πνεῦμα
  ἅγιον ὅτι Ἰηϲοῦϲ οὐδέπω ἐδοξάϲθη. πῶϲ οὖν ἐξέβαλον τὰ πνεύματα;
  ἀπὸ τῆϲ ἐπιταγῆϲ τοῦ χριϲτοῦ καὶ ἀπὸ τῆϲ ἐξουϲίαϲ αὐτοῦ.
 ΓΡΗΓ' ΝΑΖ' ἴϲωϲ δὲ οὐδὲ ἄνευ πνεύματοϲ. ἐνήργει γὰρ καὶ ἐν τοῖϲ χριϲτοῦ
  μαθηταῖϲ.....

bei Corderius hört das Chrysostomosfragment, wie wir aus dem erhaltenen text der homilien erkennen können, ganz richtig mit ἐξουϲίαϲ αὐτοῦ auf, J lässt dagegen erst mit ἐνήργει den Gregor beginnen. diese schwierigkeit, anfang und ende der fragmente in solchen handschriften zu finden, bestand nun aber nicht nur für die alten copisten: auch für uns ist es in sehr vielen fällen unmöglich, nach äusserlichen gesichtspunkten zu entscheiden, wo sich die grenzen der einzelnen glieder befinden.

 Noch eines mittels muss hier gedacht werden, zu dem manche schreiber mit vorliebe griffen, sobald sie sich ausser stande sahen eine eigene entscheidung über den umfang der stücke zu treffen: sie liessen die zusammengeflossene textmasse ungeteilt und setzten beide, zuweilen auch mehr namen zusammen an den beginn des ganzen. besonders häufig sind solche doppellemmata in der zweiten gestalt der Hiobcatene (vgl. s. 69), und zu welchen trübungen der überlieferung sie dort geführt haben, davon geben die ausführungen Useners s. 31 ff. ein lehrreiches beispiel. übrigens finden sich zwei namen am beginn eines fragmentes auch in guten handschriften alter zeit: hier scheint aber die annahme berechtigt zu sein, dass der schreiber oder vielleicht richtiger der verfasser selbst auf das quellenverhältnis beider autoren hat aufmerksam machen wollen: wenigstens ist das doppellemma ΘΕΟΔΩΡΗΤΟΥ. ΕΥϹΕΒΙΟΥ, welches die hs. A der ersten Psalmenrecension zu Ps. XXII, nr. 22 giebt (vgl. s. 45) vollauf dadurch berechtigt, dass die zweite hälfte der erklärung Theodorets aus Eusebius entnommen ist.

Mit dieser kurzen skizze des entwickelungsganges der namensetzung ist aber die aufzählung der die überlieferung in wesentlichen punkten entstellenden factoren noch keineswegs abgeschlossen. auch auf andere weise noch konnten namen und umfang der fragmente verändert werden: vor allem durch willkürliche änderung. es wird noch zu untersuchen sein, ob nicht bei den fragmenten der häretiker hie und da entweder der missliebige name einfach weggenommen oder gar durch einen rechtgläubiger klingenden ersetzt worden ist; erklären liesse sich auch dadurch zum teil das massenhafte verschwinden ketzerischer namen in der jüngeren überlieferung mancher catenen. Zu den schon in alten fassungen sich vorfindenden abänderungen gehören die umstellungen einzelner fragmente oder ganzer gruppen, wie wir sie z. b. in der gedruckten ausgabe der Octateuchcatene des Nikephoros im anfang der Genesis finden (vgl. s. 38): hier ist die in den Pariser hss. und in Zephyrus' übersetzung sich findende reihenfolge abgeändert und eine anordnung nach den autoren vorgenommen worden. war eine derartige umstellung schon an und für sich nicht unbedenklich, so musste sie die überlieferung notwendig gefährden, sobald das empfindliche lemma ΤΟΥ ΑΥΤΟΥ sich an einer exponierten stelle befand. wenn nämlich mehrere fragmente desselben verfassers aufeinander folgen, so pflegen die schreiber häufig nur das erste mal den namen zu setzen, die weiteren auszüge durch ΤΟΥ ΑΥΤΟΥ, im angezeigten falle auch durch ΚΑΙ ΜΕΤ ΟΛΙΓΑ oder ΚΑΙ ΜΕΘ ΕΤΕΡΑ einzuführen. es ist klar, dass bei gedankenloser umstellung eines solchen stückes auch die beziehung des ΤΟΥ ΑΥΤΟΥ eine änderung erfahren kann. so liest man im Paris gr. 129 zu Gen. 1 5 f. zwei fragmente des Severian, beide durch ϹΕΒΗΡΙΑΝΟΥ eingeführt, hinter einander; am rande steht eine mit ΙΠΠΟΛΥΤΟΥ ΡΩΜΗϹ bezeichnete notiz. die hs. gr. 128 hat an derselben stelle dieselben fragmente, nur ist das Hippolytstück in den text aufgenommen und zwischen die beiden Severiansätze geschoben worden: die lemmata lauten aber 1. ϹΕΒΗΡΙΑΝΟΥ 2. ΙΠΠΟΛΥΤΟΥ 3. ΤΟΥ ΑΥΤΟΥ, so dass nunmehr nr. 3 dem Hippolyt gehört. die gemeinschaftliche quelle las natürlich 1. ϹΕΒΗΡΙΑΝΟΥ 3. ΤΟΥ ΑΥΤΟΥ, und nr. 2 ΙΠΠΟΛ war wie in gr. 129 am rande beigegeben. der schreiber der hs. 129 löste das ΤΟΥ ΑΥΤΟΥ vorsichtigerweise auf, der von 128 sündigte durch gedankenlose genauigkeit der abschrift. einer der häufigsten fehler in jüngeren hss. ist die durch falsche auflösung entstandene verwechselung von namen, die sich in der vorlage nur abgekürzt fanden, oder die ihres sie unterscheidenden epithetons entbehrten: so sind überaus häufig Theodoret von Kyros und Theodor von Mopsuestia, Gregor von Nyssa mit dem Nazianzener, Didymus und Diodor, sowie die verschiedenen Eusebii unter einander verwechselt worden. Man sieht, in wie viel höherem grade die literatur der catenen wegen ihres eigenartigen charakters der, auch anderen hss. drohenden verderbnis ausgesetzt war, und wie grosse vorsicht deshalb ihren angaben gegenüber geboten ist. bei jeder benutzung von catenen wird man deshalb auch auf das äussere der betreffenden hss. die grösste rücksicht zu nehmen haben und dabei im allgemeinen nach dem canon verfahren müssen: das grösste vertrauen verdient — ceteris paribus — die älteste und dem ältesten typus der schwarzen lemmata im text nächststehende handschrift.

Es wird nicht überflüssig sein, den im vorhergehenden gegebenen allgemeinen überblick über die entwickelungsgeschichte der catenenhandschriften durch einige bemerkungen zu dem im zweiten teil gegebenen material zu ergänzen. etwas bestimmtes über herkunft, verfasser und entstehungszeit der einzelnen catenen, dinge, die für uns von der allerhöchsten wichtigkeit wären, wird man erst dann sagen können, wenn alle zeugen aufs genaueste verhört, wenn jede einzelne catene systematisch untersucht ist: vage vermutungen vorzubringen wäre ebenso bequem wie wertlos. insbesondere ist die untersuchung über die verfasser dadurch erschwert, dass die catenen zumeist entweder anonym sind, oder in der überschrift den hauptsächlich excerpierten autor nennen. bis auf weiteres wird man daher gut thun, titel wie 'ἑρμηνεία des Polychronios, Oecumenios, Eusebios, Victor v. Antiochia, Titus v. Bostra' genau so zu beurteilen, wie den 'ἑρμηνεία des Chrysostomos', den zahlreiche Evangeliencatenen lediglich deshalb führen, weil die homilien des Johannes ihren grundstock bilden.

Die catene zum Octateuch ist im jahre 1772 durch Nikephoros griechisch und sogar ohne lateinische übersetzung zu Leipzig herausgegeben worden[1]. ihr liegen zwei handschriften zu grunde; die erste fand Nikephoros in der bibliothek des Hegemon von Konstantinopel, eine randcatene des beginnenden XI jahrhunderts, welche den Octateuch nebst den Königsbüchern enthielt. nach vergeblichem suchen in Smyrna und den Athosklöstern erhielt er einen zweiten codex von dem gardecommandanten Alexander, der im jahre 1103 geschrieben war und Leviticus bis Ruth enthielt. die ausgabe, welche er auf grund dieser handschriften veranstaltete, ist (was freilich immerhin noch nicht allzuviel besagen will) die beste aller überhaupt existierenden catenenausgaben. denn der herausgeber hatte mit richtigem blick erkannt, dass es seine pflicht sei, nicht nur eine copie in die druckerei zu schicken, sondern vorher die lemmata an dem anderweitig überlieferten stoff auf ihre richtigkeit zu prüfen, anonyme scholien nach möglichkeit ihrem verfasser wiederzugeben und den text der fragmente mit den anderen zeugen zusammenzustellen: oft legt ein ἐν τοῖς

---

[1] die genauen titel der catenendrucke findet man an den betreffenden stellen des zweiten teils.

ἐκδεδομένοις οὐχ εὕρηται am rande zeugnis von fruchtlosem suchen ab: wie dankbar würden wir sein, wenn er auch seine positiven resultate an der gleichen stelle mitgeteilt hätte! dabei bewies er vor der handschriftlichen überlieferung der catene soviel achtung, dass er jedes eigenmächtig eingefügte lemma durch einen stern bezeichnete. bei diesem suchen nach den originalquellen der überlieferung ist er auf den nunmehr durch P. Wendland zur gebührenden ehre gebrachten Münchener Procopcodex gestossen und hat ihn zur auffindung von Procopcitaten benutzt. dass er im verlauf der arbeit über das ziel hinausschoss und nicht nur aus dem unedierten Procop, sondern auch aus anderen auszügen an den nach seinem gefühl zu dürftig bedachten stellen der catene selbständig auszüge einschob, wird ihm niemand zum vorwurf machen dürfen: hat er doch seine leser jedesmal durch zwei sterne vor solchen zusätzen in den stand gesetzt, sie zu ignorieren.[1] Schon lange vor seiner zeit, im jahre 1547, war durch F. Zephyrus[2] nach einem 'vetustus codex' eine lateinische übersetzung der Pentateuchcatene erschienen, die am beginn durchaus mit der ebengenannten an umfang übereinstimmend, ja durch angefügte auszüge aus 'Rabbi Moses' sie übertreffend, allmählich zum immer dürftigeren auszug wird. die beiden ersten ausgaben scheinen übrigens selten geworden zu sein, da auch H. Achelis[3] nur das auf s. 37 citierte der Münchener hof- und staatsbibliothek gehörige exemplar des zweiten nachdruckes benutzen konnte. die in Paris befindlichen handschriften dieser catene stimmen, wie schon Cohn (vgl. s. 4) gesehen hat, im wesentlichen mit der Catena Lipsiensis, wobei nur anzumerken ist, dass sich ein sammelcodex Octateuch, nebst Königsbüchern umfassend, wie ihn Nikephoros in seinem codex Hegemonos besass, nicht vorfindet, die andere zusammenstellung Leviticus — Ruth dagegen durch zwei gute hss. D und E vertreten ist. die königsbücher sehen wir mit teilen des Octateuchs verbunden nur in F, wo Josua — IV Regn. in ihrer eigenschaft als prophetae priores zusammengestellt sind.

Die autoren, aus denen die im grössten stil angelegte Octateuchcatene geschöpft hat, scheinen, soweit die stichproben ein urteil zulassen, im drucke wie in den hss. ziemlich verlässlich überliefert zu sein. Nikephoros hat ja seine hss. ganz durchgeprüft. dagegen ist das bild, welches uns die auf s. 41 ff. gegebenen proben aus den hss. der königsbücher zeigen, wenig erfreulich: wenn die hss. F und J immerhin noch zu vereinigen sind, so weicht doch K so stark ab, dass man gezwungen wird, sie als vertreter in einer besonderen recension aufzufassen: aber alle drei hss. haben eine jede den anderen wie der CL gegenüber ihre eigentümlichen und durchaus unverdächtigen bestandteile, deren die übrigen entbehren: deshalb geht es nicht an, irgend eine gruppe als den entarteten spross der anderen zu bezeichnen. Theodoret ist ja durch-

---

[1] das hat Lagarde an 50 von den 51 stellen (vgl. s. 4) nicht gethan.
[2] die wirre compilation Lipomanis kommt für unsere zwecke gar nicht in betracht.
[3] Hippolytstudien s. 101.

aus der überwiegende gewährsmann, aber auch Procop'sches gut ist unverkennbar in allen vorhanden. da nun die hss. wie die CL über den bekannten auszug des Procopcommentars hinausgehen, so wird sich die schwierigkeit vielleicht dadurch lösen, dass sie sich als selbständige excerpte aus dem grösseren commentare des Gazaeischen sophisten herausstellen. es würde dies ziemlich dem verhältnis entsprechen, welches nach Cohns hypothese im Octateuch zwischen CL und Procopepitome besteht (vgl. s. 4). ob Cohn mit recht in so scharf zugespitzter form behauptet, CL sei nichts anderes als die ἐκλογαί des Procop, wird man, so einleuchtend es auch erscheint, doch erst nach eingehender untersuchung entscheiden können: dass eine äusserst nahe verwandtschaft zwischen beiden werken bestehen muss, ist über jeden zweifel erhaben. vielleicht trifft Wendland mit seiner andeutung das richtige, dass man die ἐκλογαί durch zusammenstellung von CL mit der Procopepitome zu gewinnen habe.[1]

Eine griechische Psalmencatene mit lateinischer übersetzung gab der Jesuit Corderius in den jahren 1643—46 in drei foliobänden heraus. er hatte in Wien fünf durch Ferdinand I und Maximilian II von der Hohen Pforte gekaufte handschriften gefunden und auf grund derselben eine herausgabe der Psalmencatene beschlossen. zwei davon waren wirkliche catenen, zwei andere enthielten eine paraphrase, die fünfte, eine bombycinhandschrift, den commentar des Herakleoten Theodor — diesen namen gab wenigstens der anonymen Wiener hs. eine entsprechende der Barberina. da nun beide catenenhss. lückenhaft waren — die eine reichte sogar nur bis Psalm 50 — so wurden noch zwei Münchener codices zu hilfe gerufen, und eine compilation dieser vier handschriften wurde als 'catena' gedruckt: davor kamen jedesmal der erwähnte herakleotische commentar und die 'paraphrasis'. man sieht, zur untersuchung der recensionen ist der druck nicht zu gebrauchen. für solche kann vielmehr nur die lateinische übersetzung der ersten 50 Psalmen in betracht kommen, die Daniel Barbarus 1569 zu Venedig herausgab, da er, nach seinen unsicheren worten in der vorrede zu schliessen, eine einzige handschrift als vorlage hatte: hier spricht er auch Pius V gegenüber die hoffnung aus, die folgenden zwei bände noch herausgeben zu können, doch scheint sein tod die ausführung vereitelt zu haben.

Das verhältnis der drei bisher genannten zeugen zu einander ist das einer gegenseitigen selbständigkeit: jede gestalt hat stücke, die sich in keiner der beiden anderen finden, so besonders ℭ eine anzahl Origenesfragmente. im Psalm I ist die übereinstimmung eine ganz leidliche. A hat für sich allein von seinen 18 fragmenten nur 3; gemeinsam mit ℭ 12: auch weichen von A hier nur 2 lemmata ab, nr. 12 nachweisbar mit unrecht. mit 𝔅 hat A 11 gleichlautende fragmente mit einer variante.

Ganz anders gestaltet sich das bild bei Psalm XXII. da hat zunächst A sein gesicht gänzlich verändert: während sonst die hs. mit grösster regel-

---

[1] Jahrb. f. prot. Theol. 1892 s. 491.

mässigkeit die namen setzt, fehlen hier nicht weniger als 15 lemmata, d. h. genau die hälfte, mit B stimmen 16, mit C 3 fragmente. indessen bei näherem zusehen löst sich das rätsel: die namenlosen stücke 4. 5. 6. 9. 13. 21. 24. 26 bilden zusammengesetzt genau den Athanasianischen commentar zu diesem Psalm: scheiden wir sie aus, so bleiben namenlos nr. 25. 27. 28, die bei B dem Didymos gehören; dessen name steht aber in A schon vor 23 — also gehörte wohl die ganze masse 23. 25. 27. 28 dem Didymos als ein einheitliches stück, in das später erst die Athanasiusreste 24. 26 hineingesprengt wurden. ziehen wir auf gleiche weise 18 und 19 zu 17, so erhalten wir nr. 17—19 als Origenes' eigentum: dafür mag vielleicht sprechen, dass nr. 18. 19 von B als ein stück mit dem lemma ΔΙΔΥΜΟΥ ΚΑΙ ѠΡΙΓΕΝΟΥC gegeben werden, wo ΔΙΔΥΜΟΥ der letzte rest der in B fehlenden nr. 16 sein könnte. immerhin fehlt in nr. 7 und 30 der hier von B, dort von C bezeugte name des Origenes: eine nachlässigkeit des schreibers liegt also in jedem falle vor. die beste gelegenheit zum vergleiche zwischen A und C — B versagt hier — bieten die Psalmen CXV, CXVI. von den 45 fragmenten von A finden sich 25 auch bei C. vergleichen wir nun aber die lemmata, so ergiebt sich folgendes bild:

A	nr.	C	A	nr.	C
Ps. 115			Hesych.	22	τοῦ ἄλλου
Didym.	2	Chrys.	Apollin.	27	Anonym.
Basil.	3	Basil.	Hesych.	28	
Chrys.	9	Theod.	Euseb.	30	Euseb.
id.	10	Chrys.	Hesych.	33	Hesych.
Theod.	12	Anonym.	Ps. 116		
Didym.	13	τοῦ ἄλλου	Chrys.	1	Euseb.
Didym.	15	der letzte teil = Orig.	Euseb.	2	Orig.
Chrys.	16	Athan.	Apollin.	3	Anonym.
Cyrill.	17	Hesych.	id.	4	Hesych.
Didym.	18	Theod.	Apollin.	7	Euseb.
id.	19	Chrys.	id.	8	Anonym.
Severus	20	Anonym	Chrys.	9	
id.	21				

d. h. von diesen 25 lemmata stimmen nicht mehr als 4: eine bessere illustration zu der behauptung von der im laufe der zeit notwendig eintretenden verderbnis der überlieferung kann kaum gedacht werden; aber wo liegt nun die verderbnis, bei A oder C? schon das häufige ΑΝѠΝΥΜΟΥ bei C ist ein zeuge für auslassung der lemmata in der quelle, das ebenfalls nicht seltene zusammenwachsen zweier in A noch gesonderter stücke weist auf dasselbe hin und, was den ausschlag giebt, an allen controlierbaren stellen erweisen sich die angaben von A als richtig, die widersprechenden von C als falsch. der druck des Corderius ist somit für wissenschaftliche untersuchungen gänzlich unbrauchbar. auf welche weise in seinen vorlagen eine derartige entstellung der überlieferung hat stattfinden können, wird sich erst ermitteln lassen, wenn wir genauer mit der geschichte der grossen Psalmencatene bekannt sind: einstweilen müssen wir uns mit dem traurigen resultat begnügen. aber wir haben bereits gesehen, dass auch A nicht frei von trübungen geblieben ist; in Ps. XXII trat uns bereits eine secundäre form der catene entgegen. da aber die grosse übereinstimmung in bezug auf den umfang vieler fragmente nötigt, einen zusammenhang zwischen A B und C anzunehmen, so werden wir vermuten dürfen, dass alle drei gestalten selbständige excerpte aus einer älteren und umfangreicheren catene sind: möglich bleibt aber daneben immerhin, dass wir statt 'excerpte' 'weiterbildungen' zu sagen haben.

Für die weiterhin vorliegenden formen der Psalmencatene versagen die drucke in der regel ihre mitwirkung. auch rec. II (s. 47 ff.) zeigt, wie im kritischen apparat nachgewiesen ist, noch an vielen stellen ihren zusammenhang mit der für I postulierten vorlage. sie verzichtet jedoch in der regel auf die mitteilung der namen: nur hie und da findet sich am rande der hss. ein roter name, am anfang noch häufiger, am ende fast nie. auch die fragmente selbst haben ihre gestalt durchgehends verändert: statt längerer ausführungen sind hier kurze sätze bevorzugt, dafür hat aber jeder Psalm seine hypothesis und das ganze buch eine stattliche reihe von prologen erhalten.

Ein ganz eigentümliches verhältnis zu II zeigt nun aber die kürzere recension III, deren fragmente sich, wenn man von den prologen absieht, sämtlich bei II wiederfinden: vergleichen wir in Ps. CXV. CXVI (s. 51 ff.) diese übereinstimmenden stücke, so finden wir erstens die hypothesen Theodorets nebst einigen anderen fragmenten desselben verfassers, im ganzen 6; zweitens nachweislich aus Chrysostomos entlehnte partien, dies in 13 fällen, wobei zweimal (Ps. CXV nr. 24 CXVI nr. 6) III die originale, II die secundäre form enthält, drittens 3 stücke anderer autoren. es ist also klar, dass III nicht ein auszug aus der umfangreicheren zweiten recension ist, sondern dass diese die bereits vorliegende dritte in sich aufgenommen hat. nur darf man nicht meinen, II sei gleich einem excerpt aus I plus III. schon III zeigt eine berührung mit I (Ps. CXV nr. 15), und II hat andrerseits mehrere ihm eigentümliche partien.

Während sich über IV nichts bestimmtes sagen lässt, erkennen wir in den nahe verwandten recensionen V und VI (s. 54) in der hauptsache den Athanasianischen commentar mit bruchstücken anderer erklärer durchschossen: bemerkenswert ist, dass die für II—IV charakteristischen hypothesen gänzlich fehlen und auch sonst sich keinerlei spuren einer verwandtschaft mit der bisher behandelten recension zeigen, da die im apparat angemerkten stücke auf benutzung derselben quelle beruhen. es scheint demnach, dass wir hier eine selbständige neue und kleinere Psalmencatene vor uns haben.

Recension VII (s. 55) ist fast nur Athanasius mit ganz spärlichen excerpten aus anderen autoren, VIII dagegen zieht abwechselnd Theodoret und Origenes heran und erweist sich dadurch als neue und wertvolle quelle. IX ist ein kleiner als gebetbüchlein gedachter codex, an dessen rande sich die hypothesen, vereinzelte mit autornamen versehene erklärungen und hexaplarische notizen finden. X ist ein dünnes papierheft mit prologen zur Psalmencatene. eine zweite prologserie entnahm ein anderer schreiber einer in gleicher weise wie die bei Migne abgedruckte Gothaer hs. verstümmelten quelle: den unversehrten text giebt nach einem Vaticanus Migne im LXIX bande.

Ein kleines mit allen zuthaten christlicher philologie versehenes corpus Salomonischer schriften bietet der Paris. gr. 151, und die absicht des sammlers, diese bücher als ein zusammengehöriges ganzes betrachtet zu sehen, geht deutlich daraus hervor, dass vor dem beginn des ersten buches die prologe zu sämtlichen vier schriften, und zwar alle nach dem gleichen schema angefertigt, zusammengestellt sind. die in dieser sammlung enthaltene catene zu den proverbien entspricht im grossen und ganzen der von Peltanus nach einer ungenannten handschrift angefertigten und im jahre 1614 durch Andreas Schott herausgegebenen lateinischen übersetzung, nur das sie reichhaltiger ist. die hs. F, in der sich dieselbe recension findet, zeigt gleichfalls erhebliche varianten, ist aber durch nachlässigkeit im namensetzen verunstaltet. da uns zu Prov. keine alten commentare in originaler überlieferung erhalten sind, so ist es schwierig, über die zuverlässigkeit dieser oder jener hs. nach blossen proben zu urteilen. bestimmtes wird sich vielleicht sagen lassen, wenn das verhältnis der rec. II, d. h. der Procopepitome zu I untersucht ist: eine verwandtschaft liegt sicher vor und immerhin wäre es möglich, dass sich II zu I ähnlich verhielte wie im Octateuch die Procopepitome zur CL. ebenso läfst sich eine verwandtschaft zwischen I und II (Procop.) bei der catene zum Canticum nicht verkennen und hier sind wir in der glücklichen lage, beide recensionen gedruckt zu besitzen: I gab Meursius aus einer in seinem besitz befindlichen hs. im jahre 1617 griechisch heraus, die Procopepitome II edierte Angelo Mai im IX bande seiner classici autores und Migne giebt sie darnach unter Procops werken. Th. Zahn, der das verhältnis beider recensionen einer eingehenden untersuchung mit nachprüfung der quellenschriften unterzogen hat, kommt zu dem resultat, dass I, damals bereits mit dem namen des Eusebius versehen, von Procop bei der abfassung seiner catene neben den originalquellen herangezogen worden ist.

Auch hier, wie in den Proverbien und wie gleich hinzugefügt werden soll, im Prediger, steht III ganz allein. die recension trägt, wie schon die überschriften sagen, den charakter einer paraphrase, die unter verschweigung der namen zu einem dichten, einheitlichen gewebe zusammengeflochten ist.

Zu Iob besitzen wir einen griechischen druck des Patricius Iunius, der auf einer hs. des Bodleiana beruht und laut titel die recension des Niketas, unsere zweite, enthält. nahe verwandt mit dieser ausgabe ist die geraume zeit früher im Jahre 1586 erschienene lateinische übersetzung des Comitolus. er legte einen codex des cardinals Caraffa zu grunde, benutzte daneben aber auch alte Vaticani und zog bei der im jahre 1587 erschienenen zweiten auflage noch eine handschrift des Pinellus zu rate, die ihm besonders neue, hinter jedem capitel im appendix mitgeteilte fragmente bot.[1] zwei Pariser hs. D und E (s. 66) geben dieselbe recension wenn auch mit mancherlei abweichungen wieder: beide zeigen zugleich aber einen wie es scheint dieser recension eigentümlichen und auffallenden schmuck, nämlich bunte bilder, die den dulder Iob auf seinem ganzen wege von lichtem glücke durch treffend angedeutete trübsal hindurch zum siege begleiten, und auch nicht versäumen, dem betrachter eine wirksame anschauung von leu und einhorn, behemoth und leviathan zu geben. es wäre von hohem interesse, die geschichte dieser bilder einmal im einzelnen zu verfolgen und sicher nicht unwichtig für unsere kenntnis der mittelalterlichen miniaturtechnik, zumal wenn sich noch andere illustrirte hss. derselben recension finden sollten. Wenn die recension II den Olympiodor in der überschrift als hauptquelle nennt, so trifft dies für die erste gestalt der Iobcatene nicht minder zu und auch in der benutzung anderer autoren zeigt sich manche übereinstimmung. andrerseits ist aber die verschiedenheit und selbständigkeit beider recensionen so gross, dass man nicht von benutzung der einen durch die andere, sondern nur von einer gemeinschaftlichen quelle wird sprechen dürfen.

Ein catenencorpus zu den Propheten enthält der Paris. gr. 159, aber das band, das sie umschlingt, ist vielleicht nur ein äusserliches. der prolog χρὴ τὸν ἐντυγχάνοντα ....., der vor allen vier Propheten steht und für Klostermann[2] ein beweis gemeinsamer herkunft, vielleicht sogar abfassung, von Johannes 'Drungarios' ist, findet sich z. b. auch in Corderius' druck der Johannescatene genau so und wird sich wohl noch öfter finden; er gehört ebensogut wie die notiz über die sieben ausgaben des griechischen Alten Testaments, über die zerstörungen Jerusalems, die zehn gottesnamen, die gründe für die dunkelheit der heiligen schrift u. a. m. zu den üblichen und notwendigen beigaben einer nützlichen catene. noch ein bedenken hat Klostermann zu schnell beiseite geschoben,[3] nämlich die notiz, dass ein 'Andreas' die Jesaiascatene verfasst habe: der (nach Fabricius citierten) subscriptio, die das bezeugt, gehen voran die worte εἰς τρεῖς βίβλους τὴν προκειμένην γραφὴν τοῦ θεσπεσίου προφήτου Ἡσαΐου διελεῖν δοκιμάσας τοῦτο τῇ πρώτῃ δίδωμι πέρας — so steht am ende des ersten buches der Isaiascatene in der hs. Oxon. coll. nov. 41 (XIII jh.).[4] die catene des Andreas hatte also drei bücher: auf s. 73 ist der anfang des

---

[1] Vgl. Usener s. 30 ff. bemerkenswert sind die auf blatt 11 der vorrede gegebenen autorenlisten verschiedener handschriften.
[2] Die Überlieferung der Jeremiahomilien des Origines s. 34 ff.
[3] a. a. o. s. 37. anm. 3.
[4] vgl. Wolf a. a. o. s. 40.

dritten und letzten buches dieser catene (παραγραφόμενα sagt B und die eben erwähnte subscriptio) nach dem Paris gr. 155 abgedruckt: da nun 155 und 159 im wesentlichen übereinstimmen, so wissen wir nunmehr, dass die in ihnen enthaltene catene dem Andreas ihr dasein verdankt, trotzdem beide hss. den prolog des rätselhaften Johannes τοῦ τῆς Δρουγγαρίας haben. übrigens ist das verhältnis der hss. derart, dass A und B den, wie die proben zeigen, sorgfältig mit namen versehenen text vollständig bieten, während C den eindruck eines auszuges macht.

Zu Jeremias sind wir wiederum in der günstigen lage, einen druck benutzen zu können: Michael Ghislerius hat seinen ungeheuren commentar zu diesem propheten noch durch hinzufügung einer catene im griechischen original bereichert. zur feststellung des textes benutzte er einen Vaticanus, dessen lücken er aus einer handschrift Sforzas nebst zwei weiteren Vaticani und einer Altaempsianer hs. ergänzte. die übereinstimmung dieses druckes mit der Pariser hs. gr. 158[1] ist eine fast vollständige, auch sind die lemmata regelmässig gesetzt. besonders bemerkenswert ist das nicht seltene auftreten des Gregorius Thaumaturgos, dessen äusserungen wir sonst nie begegnen.

Die hs. der Ezechielcatene coisl. gr. 17 dagegen macht einen viel weniger vertrauenerweckenden eindruck durch das häufige ΑΛΛΟC, welches fast alle namen ausser denen des Theodoret und Polychronios verdrängt hat. dass aber die citierungsmethode einst eine bessere war, sehen wir an nr. 11, ΤΟΥ ΑΓ' ΚΥΡΙΛΛΟΥ ΕΚ ΤΟΥ ΚΑΤΑ ΙΩΑΝΝΗΝ ΕΥΑΓΓΕΛΙΟΥ: hier wird hoffentlich eine bessere handschrift weiter helfen. Villalpandi hat in seinem commentar zu Ezechiel aus einer hs. Sforzas und einem Vaticanus auszüge lateinisch mitgeteilt, von denen sich einige mit E berühren: aber diese sporadischen notizen nutzen uns nichts.

Die catene zu Daniel verbunden mit der zur Susanna bietet von Pariser hss. nur A. Angelo Mai giebt in der vet. script. nova coll. IX die probe einer Vaticanischen hs., lässt aber den hauptbestandteil, nämlich Hippolyt, weil schon anderweitig ediert, weg. soweit nun noch eine vergleichung möglich ist, sind die differenzen zwischen beiden handschriften gering: interessant ist, dass in A durch fortlaufende zahlen im text auf den rand verwiesen wird: aber diese nummern stehen am rande nur vor Hippolytfragmenten — die also sämtlich gezählt werden — nie jedoch vor erklärungen anderer verfasser.

Unter den zu den Evangelien verfassten catenen ist die verbreitetste die im jahre 1844 gedruckt zu Oxford erschienene und deshalb gewöhnlich 'Oxforder catene' genannte. die herausgeberthätigkeit Cramers beschränkte sich darauf, den Paris. coisl. gr. 23 zunächst abdrucken zu lassen, ohne auch nur bei den gänzlich verwischten stellen im anfang eine andere handschrift heranzuziehen.

---

[1] nach einer flüchtigen stichprobe stimmen die prophetenhss. alle im wesentlichen mit A: leider hatte ich keine zeit, proben zu collationieren und kann deshalb hier keine belege mitteilen. wichtige notizen über Römische hss. giebt Klostermann s. 110.

mitten im druck entdeckte er plötzlich in der nahen Bodleiana eine ältere und bessere handschrift des Chrysostomoscommentars Auct. T. 1. 4., wie er sie übrigens auch früher in Paris hätte finden können, und liess nun deren lesarten als Supplementum dem ersten bande beigeben: so entstand seine Matthaeuscatene. für Marcus wurde Bodl. Laud. gr. 33 und coisl. gr. 23, für Lucas und Johannes derselbe coisl. gr. 23 und der erste Bodleianus, bei einigen stellen des Lucas noch der Laudianus herangezogen. Dieser recension folgen im wesentlichen die Parisini A und B in allen evangelien, D und E im Johannes. in diesem evangelium aber wachsen die sonst nur geringfügigen varianten zu gewaltiger grösse an, insbesondere D erweist sich als eine sehr wichtige handschrift dadurch, dass sie überaus reich mit lemmata versehen ist und an langen stellen, die bei Cramer fortlaufend und namenlos sind, zahlreiche autoren angiebt.

Schon eine kleine probe wird die bedeutung der handschrift klar erkennen lassen:

Cramer II

s. 216 5 οὐ τῆς ... ΧΡΥϹ′
„ 21 τὸ δὲ ... ΒΑϹΙΛ′
„ 24 οὐ τὸ ... ΑΛΛΟϹ′
„ 26 μανθάνομεν ... ΚΥΡΙΛΛ′
217 5 πόθεν δὲ ... ΑΠΟΛΙΝ′
„ 7 χρὴ δὲ ... ΧΡΥϹ′
„ 17 εἰποῦϲα δὲ ... ѠΡΙΓ′
„ 20 προβάλλεται ... ΑΠΟΛΙΝ′
„ 26 τίνοϲ ἕνεκεν ... ΚΥΡΙΛΛ′
218 12 διὰ τὸ ... ΧΡΥϹ′
219 5 πῶϲ δὲ ... ΑΠΟΛΙΝ′
„ 10 οὐ χρὴ δὲ ... ΚΥΡΙΛΛ′

219 14 fehlt
„ 15 τοῦτο δέ ἐϲτιν ὅτι τῆϲ οἰκ. ... ѠΡΙΓ′
„ 34 εἰπὼν ... ΧΡΥϹ′
220 18 πόθεν ... ΧΡΥϹ′
„ 31 αὐτὸϲ δὲ ... ΧΡΥϹ′
221 8 ἀπαρτιϲθείϲηϲ ... ΑΜΜѠΝ′
„ 21 εἰ δὲ γυνὴ ... ΚΥΡΙΛΛ′
„ 26 ἄνθρωπον ... ΧΡΥϹ′
„ 32 εἰ δὲ μήτι ... ѠΡΙΓ′
„ 35 ἠρώτων ... ΧΡΥϹ′
222 5 τὸ ἐγὼ βρῶϲιν ... ΑΠΟΛΙΝ′

Die zweite recension (s. 81) bietet eine völlig neue Matthaeuscatene mit zahlreichen interessanten bruchstücken: leider zeigen bereits beide hss. die namen am rande und es ist zuweilen recht schwierig, anfang und ende der fragmente zu erkennen. Die nach einer alten pergamenthandschrift des erzbischofs von Toulouse C. de Montchal von P. Possinus herausgegebene Matthaeuscatene findet sich im Paris. gr. 194 rec. III (s. 82). die lemmata scheinen an der probestelle nicht sonderlich genau eingetragen zu sein, denn keins der angeblichen Chrysostomoscitate lässt sich in den erhaltenen homilien nachweisen. zuverlässiger in dieser hinsicht dürfte rec. IV sein, die mit der Matthaeuscatene des Corderius übereinstimmt. Ganz neu dagegen sind die formen der Lucascatene, die uns in V und VI, die der Johannescatene, die uns in VII entgegentritt. eine übereinstimmung mit der lateinischen Lucas-[1]

---

[1] Catena LXII Graecorum patrum in S. Lucam. Antverpiae 1628 fol.

und der griechischen Johannescatene[1] des Corderius ist aus den stichproben nicht zu ersehen.

Wir müssen hier halt machen, da der mangel an grösserem handschriftlichen material ein eingehen auf die verwickelten verhältnisse der übrigen neutestamentlichen catenen verbietet, und es bleibt uns nur übrig, noch einmal die am beginn dieser erörterungen aufgestellte these zu wiederholen: die zahlreichen anderweitig nicht oder nur unvollkommen überlieferten fragmente griechischer kirchenschriftsteller können ohne vorherige herausgabe der in betracht kommenden catenen nicht in wissenschaftlich brauchbarer weise gesichtet und gesammelt werden. Ohne eine ausgabe des Nonius Marcellus ist man nicht imstande, die reste römischer tragiker richtig zu behandeln, eine fragmentsammlung der griechischen dramatischen dichter hat die herausgabe der anthologie des Stobaeus zur voraussetzung, und im gegensatz zu der die ursprüngliche anordnung zerstörenden ausgabe der Pfälzer anthologie durch Brunck (1776) wurde erst durch Jacobs (1794 ff) eine sichere grundlage für die behandlung dieser literaturgattung geschaffen. ebenso liegt die sache bei den catenen. auch hier muss man erst das ganze kennen, ehe man über die teile ein urteil fällt, und deshalb wird eine ausgabe der kettencommentare als die nächste und notwendigste aufgabe der patristischen forschung, soweit sie auf die exegetischen schriften der alten gerichtet ist, bezeichnet werden müssen.

Die zur erreichung dieses zieles unerlässliche vorarbeit hat bereits Wendland 1891[2] angedeutet: erst müssen die zahlreichen handschriften registriert und in klassen geordnet werden, damit ein überblick über den umfang des materials ermöglicht wird und der bearbeiter weiss, an welchem punkte er einzusetzen hat. und es ist wohl keinem zweifel unterworfen, dass man bereits durch diese vorarbeit eine grosse anzahl handschriften würde ausscheiden können, sodass die katalogisierung allein schon in bezug auf die masse der catenenhandschriften eine ähnlich befreiende wirkung ausüben könnte, wie sie die glänzende untersuchung Ehrhards[3] über Symeon Metaphrastes für die heiligenleben gehabt hat.

Das sicherste, ja das einzige mittel, diese handschriften zu klassificieren und die gleichartigen unter ihnen als solche zu erkennen, ist die anwendung von stichproben. die in den besten handschriftencatalogen sich findende notierung der überschriften, anfangsworte und autoren hilft hier gar nichts. die überschriften variieren z. t. sehr erheblich, und ganz verschiedene werke tragen, wie oben gezeigt, denselben verfassernamen. die prologe und sonstigen beigaben können auch hie und da weggelassen oder umgestaltet sein, und

---

[1] Catena patrum Graecorum in S. Joh. Antverp. 1630 fol. die catenen Matthaeis, von denen Ehrhard und Fabricius berichten, konnte ich nicht benutzen.

[2] Neuentdeckte Fragmente Philos s. VIII.

[3] in der Festschrift zum elfhundertjährigen Jubiläum des deutschen Campo Santo in Rom 1897. s. 46 ff.

selbst die eigentliche catene ist gerade am anfang am leichtesten willkürlichen änderungen ausgesetzt, abgesehen von dem hier sehr in betracht kommenden umstande, dass die ersten blätter einer catenenhandschrift überaus häufig fehlen oder verstümmelt sind. eine wirklich feste handhabe geben da nur stichproben, am besten aus verschiedenen teilen der catene.

Demnach wird ein catenencatalog zwei teile aufweisen müssen: 1. eine genaue technische beschreibung der einzelnen handschriften, 2. die prologe und die möglichst umfangreichen listen der stichproben nebst den varianten der einzelnen hss.: diesen sind ferner zur beurteilung der lemmata noch die controlierbaren citate und jeder einzelnen recension ein register der benutzten autoren beizugeben.

Ein — freilich sehr unvollkommenes — specimen dieser zunächst in angriff zu nehmenden arbeit, das bei ihrer definitiven ausführung der erweiterung in jeder hinsicht bedürftig wäre, sollen die im zweiten teil folgenden blätter liefern.

JULIAN VON HALIKARNASS

Huet hat gelegentlich auf eine nachricht über den märtyrer Lukianos hingewiesen; sie sollte sich in einem dem Origenes zugeschriebenen commentar zu Hiob finden[1], der nach der übersetzung des Joachim Perionius in die von Gilbert Genebrard zu Paris 1574 (abdruck Par. 1619) in fol. veranstaltete lateinische sammlung der werke des Origenes aufgenommen worden ist. Der wunsch, jene nachricht in ihrem wortlaute kennen zu lernen, veranlasste mich, einen jüngeren freund, herrn Dr. E. Hauler, während seines aufenthaltes zu Paris im j. 1886 zu bitten, jenen commentar in Genebrards mir auf deutschen bibliotheken unerreichbar gebliebenen sammlung zu durchblättern, und wenn er die von Huet angedeutete stelle gefunden, sie in der Pariser handschrift n. 454 aufzusuchen, in welcher ich das original von Perionius' übersetzung vermuthete. diese vermuthung bestätigte sich, und zu meiner freude wurde herr Hauler für sein mühsames suchen durch den unerwarteten fund interessanter altgriechischer bruchstücke belohnt, die er unlängst in dem Eranos Vindobonensis p. 334 ff. veröffentlicht und sachkundig behandelt hat.

Inzwischen wurde mir durch die liberalität der Pariser bibliotheksverwaltung die handschrift zu bequemer benutzung hierher gesandt, wo ich sie im frühjahr 1891 durchsah und auszog, soweit es wünschenswerth schien, um eine vorstellung von der beschaffenheit des werkes geben zu können, oder wissenswerthes sich bemerklich machte. Einen theil meiner auszüge habe ich schon im herbst 1891 herrn P. Wendland zur benutzung überlassen, der davon öffentlichen gebrauch gemacht[2] und mir dankenswerthe beiträge zur verbesserung zur verfügung gestellt hat: was ich meines herrn collegen Bratke wegen (s. s. 29 anm. 2) hier bemerkt haben will.

Dass Joachim Perionius 'Benedictinus Camoeriacensus, Henrici Gallorum regis interpres', wie er sich nennt, aus keiner anderen hs. als dem Par. gr. 454 übersetzt hat, ergab sich leicht. das original, dem diese hs. entstammt, hatte gegen ende eine blattversetzung erfahren, wodurch ein blatt, das mit dem scholion zu Hiob 42, 13 begann und im scholion zu 42, 16 mitten in einem

---

[1] P. D. Huetii Origeniana l. III. append. § 3 bei De la Rue t. IV p. 321[b] oben.
[2] s. P. Wendland, Philos. schrift über die vorsehung (Berl. 1892) p. 29, vorher im osterprogramm des Köllnischen gymn. in Berlin 1892 p. 21 'Hiobcommentar ... den Usener seinem wahren verfasser wiedergeben wird', in einem brief vom 29. Oct. 1891 'die diatribe des Iulianus bietet in der that manche interessante parallelen' u. s. w.

worte mit κατα- aufhörte, an eine frühere stelle, nämlich mitten in das scholion zu 40, 26 verschlagen worden war. f. 141ʳ lesen wir Ἐπὶ δὲ τοῦ διαβόλου ῥητέον ὅτι ‖ ἰϲτέον οὖν κτλ., der mit ὅτι begonnene satz folgt f. 141ᵛ (unten) εἰ ϲυνεχωρεῖτο ἀποχρήϲαϲθαι εἰϲ πᾶν ὃ ἐνεχείρει, οὐκ ἂν ἤνεγκεν αὐτοῦ προσβολὴν πρώτην ἢ ἐϲχάτην ὁ πᾶϲ τῶν ἀνθρώπων βίος, ὃϲ ἔοικε τῇ ὑπὸ ζάληϲ θαλάϲϲηϲ κυματουμένῃ κτλ., wo dann die bemerkung zu 40, 26 ruhig zu ende geführt und zu 40, 27 u. s. f. übergegangen wird. dazwischen steht dann mit ἰϲτέον οὖν ὅτι τὰ μὲν ἄλογα διττὰ πάντα λαμβάνει, τὰ δὲ τέκνα οὐκέτι, ἵνα μὴ ἀθετηθῇ ὁ τῆϲ ἀναϲτάϲεωϲ λόγοϲ beginnend der commentar zu 42, 13 bis zu 42, 16 ἔζηϲεν δὲ Ἰὼβ μετὰ τὴν πληγὴν ἔτη ἑκατὸν ἑβδομήκοντα ὀκτώ· ὡϲ εἶναι αὐτόν, ὅτε ἐπλήγη πρὸϲ τοῦ πονηροῦ κατα ‖ woran sich unvermittelt εἰ ϲυνεχωρεῖτο u. s. w. (40, 26 s. o.) anschliesst. der abgebrochene satz folgt f. 150ʳ, wo an das lemma (42, 13) γεννῶνται δὲ αὐτῷ υἱοὶ ἑπτὰ καὶ θυγατέρεϲ τρεῖϲ, dessen erklärung wir oben f. 141ᵛ—142ʳ gefunden haben, sich unmittelbar anreiht ϲυγχώρηϲιν θεοῦ, ἐτῶν ἑβδομήκοντα ὀκτώ κτλ. Perionius hat diesen schaden erkannt und gebessert, aber er bemerkt p. 566 der ausg. von 1619, welche die Bonner bibliothek jetzt besitzt, ausdrücklich: 'haec in Graeco exemplari bibliothecae regiae, quod unum habui, traiecta sunt'. an der thatsache, dass Par. 454 die eine von Perionius benutzte hs. ist, können einzelne abweichungen nichts ändern, die auf versehen oder willkür beruhen, z. b. wenn im scholion zu 36, 16 die worte der hs. f. 110ᵛ ὥϲπερ δὲ ποταμὸϲ παραϲύρων θεμέλια ἐπιπόλαια ὄντα ἀλλ' οὐ πάγια von Perionius p. 554ᵉ übersetzt werden 'Quemadmodum autem flumen a Syris vocantur fundamenta quae firma non sunt' oder wenn zum schol. 39, 13—18 καὶ ἔϲτιν ἀκοῦϲαι αὐτῶν ἡμερῶν διηγουμένων von Perionius p. 561ᵉ der scheinbare zusatz gemacht wird '... dies ipsos, qui literarum monumentis proditi sunt', der nichts ist als ausdeutung von διηγουμένων.

Die Pariser hs., über die ich auf Haulers bericht (Eranos Vind. 334 f.) verweisen kann, ist im j. 1448 in Italien von einem neugriechischen geistlichen Basileios leidlich sauber, aber verwahrlost geschrieben. eine copie derselben ist uns jetzt leicht erreichbar. denn dass die aus Meermanns sammlung an Sir Thomas Phillipps, und von dessen erben an unsere Berliner bibliothek gelangte, im j. 1542 zu Venedig geschriebene handschrift cod. Phill. n. 1406[1], über welche unlängst herr Prof. Bratke berichtet hat[2], nur aus der Pariser geflossen sein kann, sieht man beim ersten blick. sie hat nicht nur die oben berührte blattversetzung (von f. 113ʳ an), sondern auch alle schreibfehler aufs getreueste fortgepflanzt.

In dieser Berliner abschrift trägt der Hiobcommentar von der hand desselben rubricators, der die eingänge aller abschnitte geschrieben hat, den

---

[1] Codices ex bibliotheca Meermanniana Phillippici graeci nunc Berolinenses, descripserunt Guil. Studemund et Leop. Cohn (Berl. 1890) p. 1 n. 2.
[2] Im Theol. Literaturblatt 1893 n. 22 (2. juni).

titel ΩΡΙΓΕΝΟΥC und über der querleiste Ἰὼβ βίβλος; der frühere besitzer Naulot[1] hat unter dem autornamen eingetragen: τοῦ Ἰὼβ ἱστορία μετὰ τῆς τοῦ ὀριγένους ἑρμηνείας καλῆς. der schreiber der Pariser hs. hatte zwischen dem querleisten, mit dem er den eingang der ersten seite verzierte, und der ersten textzeile leeren raum gelassen, den der rubricator ausfüllen sollte. was als titel beabsichtigt war, ist über dem querleisten zu sehen, wo mit dünner schrift Ἰὼβ βίβλος geschrieben steht. erst eine jüngere hand hat mit hellerer schwarzer tinte in jenem offen gelassenen raum ΩΡΙΓΕΝΟΥC eingetragen. auch die unterschrift f. 153ʳ τέλος τῆς τοῦ ὠριγένους ἐξηγήσεως ist von verschiedener, jüngerer hand. Es fehlt also jede spur einer äusseren beglaubigung von Origenes' namen, gegen den der inhalt lautesten einspruch erheben muss.

Den wahren verfasser zu ermitteln, steht bei einem älteren bibelcommentar ein selten versagendes mittel zur verfügung, die sog. catenae oder kettencommentare, in welchen von stelle zu stelle auszüge aus älteren kirchenschriftstellern in der regel mit nennung des verfassers aneinandergereiht werden. zum Hiob ist bisher nur eine junge gestalt dieser weit zurückgehenden überlieferung, die catena des Niketas, griechisch veröffentlicht, welche Patricius Iunius (Young) nach einer hs. der Bodleiana 1637 herausgab. Gleich auf den ersten unpaginirten seiten findet sich die einleitung unseres commentars mit einigen auslassungen wieder unter dem vermerk ΙΟΥΛΙΑΝΟΥ ΑΛΙΚ. und im weiteren verlauf kehrt der name des Iulianus noch 18 mal wieder[2]. Danach konnte mir schon angesichts der Pariser hs. und auch später herrn Bratke kein zweifel daran bestehen, dass uns hier zum erstenmal eine schrift des seit dem VI jahrh. vielgenannten gegners des Chalkedonischen concils, des führers der sog. Aphthartodoketen Julian von Halikarnass[3] entgegentrete. -

Das material zur controle ist erheblich grösser. Vor Iunius hatte der jesuit Paulus Comitolus aus Perugia eine ähnliche catene nach einer hs. des cardinals Antonio Caraffa in lateinischer übersetzung 1586 herausgegeben[4]. zur zweiten ausgabe (1587) konnte er eine hs. des Ioh. Vincentius Pinellus benutzen, welche eine ältere und wesentlich ursprünglichere form der catene bot; den zuwachs aus dieser quelle gab er bei jedem kapitel anhangsweise. so finden sich denn bei Comitolus im ganzen 35 anführungen des Iulianus,

---

[1] s. den s. 29 anm. 1 angeführten katalog p. 11 f.

[2] E. Preuschen in der Theol. Literaturzeitung 1893 n. 14 p. 364, durch den ich den aufsatz meines collegen Bratke kennen lernte, zählt im ganzen 20 fragmente des Iulianus in der catene des Iunius, aber durch ein versehen rechnet er das scholion zu Hiob 31, 5 (Iun p. 465) doppelt.

[3] s. Walchs Historie der Kezereien 8, 566 ff. Harnacks Dogmengesch. 2, 388 und besonders Gieseler, Commentationis qua Monophysitarum opiniones illustrantur pars II Gott. 1838.

[4] Catena in beatissimum Iob absolutissima ... a P. Comitolo Perusino e Graeco in Latinum conversa ... Venet. 1587 klein 4°. nach angabe der vorrede (bl. gʳ) war im jahre vorher das werk zuerst zu Lyon erschienen; die zweite ausgabe ist erheblich vervollständigt.

von welchen 16 ihm und Iunius gemeinsam, 12 der hs. des Pinellus entnommen sind. in unserem jh. hat Angelo Mai im zehnten band des Spicilegium Romanum p. 206—211 aus einer alten hs. des Vatican, die nach seinem zeugniss (p. 201) in uncialen geschrieben ist, nicht weniger als 46 fragmente des Julianischen commentars zusammengestellt, um die früheren sammlungen zu ergänzen; nicht wenige derselben sind ganz kurze sätze, einige nichts anders als aus dem zusammenhang gelöste worte. Im ganzen verfügen wir über etwas mehr als 100 anführungen, durch welche 68 verschiedene stellen bezeugt werden.

Wer die überlieferungsgeschichte alter spruchsammlungen und blüthenlesen kennt — und die kettencommentare mussten bei ähnlicher anlage dem gleichen geschick verfallen —, weiss, dass in ihnen nichts so sehr der verderbniss, ich will sagen der auslassung, verwechselung und verschiebung, ausgesetzt war als die gewöhnlich von einem zweiten schreiber mit roter tinte nachgetragenen quellenangaben, die sog. lemmata. Kein verständiger wird erwarten, dass die 68 stellen, die uns unter Julians namen angeführt werden, sich alle in seinem hiobcommentar nachweisen lassen. er ist vielmehr, noch ehe er an die prüfung herantritt, überzeugt, dass schon die ältesten exemplare von irrtümern nicht frei sein können und dass, je jünger die fassung, um so weniger verlass auf diese lemmata ist. das heisst auf unseren fall angewandt: wir haben zuverlässigkeit der quellenangaben in absteigender verringerung bei Mai (M), Comitolus (C) und Iunius (I) zu erwarten.

Dass schon in der alten catena des Vatican, welche Mai excerpierte, starke versehen unterliefen, ist leicht zu zeigen. so bietet M 210 f. zu 42, 18 Κυριακῆς βίβλου zwei scholien als Iulianisch, welche sich gegenseitig ausschliessen: nur das erste steht in dem erhaltenen commentar, P(aris.) f. 151ᵛ oder B(erolin.) f. 121ᵛ; auch bei C 541 und I 612 finden sich beide scholien, aber in umgekehrter folge und mit abstrichen so ineinander gearbeitet, dass der eingang der echt Iulianischen bemerkung Κυριακὴν νῦν τὴν Ἑβραίαν διάλεκτον καλεῖ den anfang bildet und an stelle der anfangsworte des zweiten Κυριακὴν βίβλον καλεῖ gesetzt ist. dadurch rechtfertigt es sich, dass bei C das ganze contaminierte scholion den vermerk 'Iuliani' trägt. bei I dagegen ist dasselbe namenlos geworden.

Aber I gibt bemerkungen des Iulianus nicht nur öfter (so auch 468 zu 31, 12) ohne namen, sondern auch mit falschem namen. s. 251 trägt ein scholion zu 12, 6 die aufschrift Πολυχρονίου καὶ Ὀλυμπιοδώρου: aus C 244 f. wissen wir, dass der anfang dem Iulianus entnommen ist und die grössere zweite hälfte dem Olympiodoros angehört, durch M 208 (abgekürzt) wird diese zuteilung an Iulianus bestätigt; das scholion steht in der that in dem handschriftlich erhaltenen commentar. zu 19, 13 giebt I 334 folgendes scheinbar zusammenhängende scholion, dem ich am rand gleich die autoren beisetze, wie sie durch C 312 überliefert werden:

Unbekannt   Τοῦ αὐτοῦ. Ταῦτα καὶ ὁ μέγας Δαβὶδ ὀλοφυρόμενος ἔλεγεν·
             'ἐπελήσθην ὡσεὶ νεκρὸς ἀπὸ καρδίας, ἐγενήθην ὡσεὶ σκεῦος ἀπολω-
Polychronios λός'. ‖ καὶ νῦν ὁ Ἰὼβ 'οὐδὲ τὴν ἀπὸ τῶν συγγενῶν ἔσχον' φησί
Iulianus   'παραμυθίαν.' ἀδελφοὺς γὰρ τοὺς αὐτῷ προσήκοντας λέγει. ‖ ἀλλ'
             ἀπέστησαν ἀπ' ἐμοῦ, ὥσπερ γνώμης ἁμάρτημα τὸ πάθος μισήσαντες,
Polychronios καὶ τοὺς μηδὲν αὐτοῖς προσήκοντας τῆς ἐμῆς συγγενείας προὐτί-
             μησαν κτλ.

Das lemma τοῦ αὐτοῦ, was heute nur auf den zuletzt benutzten Polychronios bezogen werden kann, ist falsch; erst nach der ersten bemerkung wird Polychronios angezogen. in dem ausführlichen scholion unseres commentars lesen wir B 48ʳ den satz ἀδελφοὶ ἀπεστράφησαν ὥσπερ γνώμης ἁμάρτημα τὸ πάθος μισήσαντες: man sieht, wie freier behandlung die ausgehobenen stellen bei der einverleibung in die catena ausgesetzt waren; aber dass die von C dem Julian zugeschriebenen worte eben unserem commentar entnommen sind, wird niemandem zweifelhaft sein. in der Vaticanischen catena hat eine verschiebung der lemmata stattgefunden: M 208 gibt καὶ οὐδὲ τὴν ἀπὸ τῶν συγγενῶν ἔσχον παραμυθίαν. ἀδελφοὺς ... λέγει als Iulianisch, d. h. das gerade vorhergehende stück aus Polychronios.

Nach der anderen seite ist folgender fall belehrend. Zu 38, 17 gibt I 547 ein scholion des Iulianus und eines des Theophilos von Alexandreia. eben dieselben hat C 488, aber er hat zu dem ersten das lemma IVLIAN. & CHRYS. das wirkliche scholion des Iulianus zur stelle ist mit nennung des urhebers in der hs. des Pinellus C 495 und dem Vaticanus M 210 bewahrt, und es ist in dem fraglichen commentar an seiner stelle (B 104ᵛ) zu lesen. Was war geschehen? In einer jüngeren fassung war das an erste stelle gerückte scholion des Iulianus gestrichen worden, aber das lemma geblieben; dies wurde mit dem nächsten lemma Χρυσοστόμου combinirt; und so kam der vermerk Ἰουλιανοῦ καὶ Χρυσοστ. vor einen aus Iohannes Chrys. gezogenen abschnitt; in der catena des Niketas wurde schliesslich das lemma abgekürzt, dergestalt, dass nur das ganz unberechtigte Ἰουλιανοῦ blieb.

Ich will durch solche analysen den leser nicht weiter ermüden. die vorgeführten beispiele werden genügen, auch solchen, welche mit dieser classe alter überlieferung noch nicht vertraut sind, einen begriff von den unvermeidlichen und stehenden verderbnissen derselben zu geben. wer mehr begehrt, möge die bei Iunius unter falschem namen überlieferten scholien des Iulianus durchprüfen: 335 zu 19, 17 Πολυχρονίου (vgl. C 313 M 208 = B 49ʳ), 339 zu 19, 23 Πολυχρονίου (vgl. C 316. 320 M 208 = B. 49ʳ), 355 zu 20, 25 Ὀλυμπιοδώρου (vgl. C 329 M 208 = B 51ʳ), 369 f. zu 21, 23—26 Τοῦ αὐτοῦ (vgl. C 341 M 208 = B 54ᵛ), 407 zu 25, 5—6 (vgl. M 209 hs. des Pinellus bei C 372 am rand = B 61ᵛ—62ʳ), 572 zu 40, 10 (vgl. C 508, B 110ᵛ?), oder das namenlose bei I 468 zu 31, 12 (vgl. C 422 = B 75ᵛ).

Man wird schon hiernach den wert der einwendungen zu würdigen vermögen, welche herr E. Preuschen gegen die abfassung des Hiobcommentars durch Julian von Halikarnass daraufhin erhoben hat, dass nicht alle in der catena dem Iulianus zugeschriebenen äusserungen sich in der handschriftlichen gestalt des commentars wiederfinden. ich will aber ein übriges thun und, da die von Iunius abgedruckte catena des Niketas von der alten überlieferung freilich nur ein sehr getrübtes und unzuverlässiges bild gibt, in der folgenden übersicht alle bisher aus catenen bekannt gewordenen fragmente des Julianischen Hiobcommentars zusammenstellen; der angabe von kapitel und vers des Hiob lasse ich die zeugnisse der catenen bei M(ai) C(amitolus) I(unius) folgen und stelle diesen, soweit ich sie darin nachweisen kann, die blattangabe der handschriften P(arisiensis) und B(erolinensis) gegenüber.

1) Prooem. Iun.: P 1 B 1
2) zu Hiob 1, 12 Iun. 37 P 8ᵛ B 7ᵛ
3) 1, 18—19 I 45 C 82: P 10ʳ B 9ʳ
4) 2, 1 I 66 f. C 99 f. cf. B 10ʳ
5) 2, 9 I 93 C 119: fehlt
6) 2, 10 M 206: B f. 12ᵛ
7) 3, 9 M 206: B 15ᵛ
8) 5, 24 M 206: B 21ʳ
9) 5, 25 M 206: B 21ʳ
10) 6, 7 I 170 C 179: P 26ʳ B 22ʳ
11) 6, 9 M 206
12) 6, 10 M 206
13) 6, 25 I 178 C 186: P 27ᵛ B 23ʳ
14) 7, 1—2 M 207: B 23ᵛ
15) 7, 3—6 M 207
16) 7, 3—6 M 207
17) 9, 21 M 207
18) 10, 4 I 228 C 225: B 31ʳ
19) 10, 4 I 228 M 207: P 37ʳ B 31ʳ
20) 10, 7 M 207: B 31ʳ
21) 10, 8 C 226 oben M 207: B 31ʳ
22) 10, 8—9 I 230 C 226 M 207: P 37ᵛ B 31ᵛ
23) 11, 2 M 207: B 33ᵛ
24) 11, 3 M 207: B 33ᵛ
25) 11, 12 M 207: B 34ʳ
26) 11, 13—14 M 208: B 34ʳ
27) 12, 2 M 208: B 35ʳ
28) 12, 4—6 C 244 M 208: B 35ʳ
29) 14, 3 I 273 C 262: B 39ʳ
30) 14, 5 I 275 C 264
31) 14, 10 M 208: B 39ᵛ
32) 14, 13—14 C 269* M 208: B 40ᵛ
33) 18, 10—16 M 208: B 47ʳ
34) 19, 13 M 208 = Polychr. (C 312)
35) 19, 13—14 C 312: B 48ᵛ
36) 19, 16—19 C 313 M 208: B 49ᵛ
37) 19, 23 C 316 = 320* M 208: B 49ʳ
38) 20, 25 C 329 M 208: B 51ᵛ
39) 21, 25—26 C 341 M 208: B 54ᵛ
40) 22, 5 M 209 = B 55ᵛ
41) 25, 5 C 372* M 209: B 61ᵛ—62ʳ
42) 26, 2—4 C 379*: B 62ᵛ
43) 27, 17 M 209: B 66ʳ
44) 29, 1—2 I 437 C 398: P 84ᵛ B 70ʳ
45) 31, 5 I 465 C 420: fehlt
46) 31, 9—12 C 422: B 75ʳ
47) 31, 34—35 I 480 C 431: B 77ʳ
48) ? 33, 29—30 M 209 cf. B 84ʳ
49) 33, 31—33 M 209: B 84ʳ
50) 33, 32 + 31 M 209 (32: C 449*) fehlt
51) 34, 1—6 I 501 C 450 (cf. B 84ʳ) fehlt
52) 34, 3 C 457* M 209: B 84ᵛ
53) 34, 35 C 457* M 209 (f. 173ᵇ): B 87ᵛ
54) 37, 22 M 209: B 96ᵛ
55) 38, 1 C 494* M 210: fehlt

56) 38, 2   I 539 C 482: P 121ʳ B 98ᵛ
57) 38, 14 M 210: B 104ʳ
58) 38, 17 I 547 C 488 (Iul. et Chrys.)
59) 38, 17 C 495* M 210: B 104ᵛ
60) 38, 33 M 210: B 107ʳ
61) 40, 10 C 508: cf. B 110ʳ
62) 42, 8   C 540* M 210: B 119ʳ

63) 42, 9   M 210: B 119ʳ
64) 42, 17 M 210: B 120ʳ
65) 42, 18 M 210: B 120ʳ
66) 42, 18 C 541* M 210 f.: P 151ᵛ
    B 121ʳ
67) 42, 18 M 211
68) 42, 18 I 613 C 542*: B 121ᵛ

Es ist bemerkenswerth, dass schon in der alten uncialhandschrift, welche Mai benutzte, der weitaus reichhaltigsten und genauesten quelle, die wir bisher kennen, manche versehen untergelaufen sind (s. o.); kein wunder also, wenn unter 46 dem Julian zugeschriebenen fragmenten sich sechs diesem fremde stücke finden. mit dem gesamtergebnis dürfen wir jedenfalls zufrieden sein. wenn von 68 citaten der catenen 51 sich in der handschriftlichen überlieferung des hiobcommentars nachweisen lassen, so haben sich von diesen der verderbniss in so hohem maasse ausgesetzten angaben nicht weniger als 75% als richtig erwiesen. Wir dürfen es somit als erwiesen betrachten, dass der von jüngerer hand fälschlich dem Origenes beigelegte hiobcommentar ein werk, und zwar das einzige uns bis jetzt zugängliche, des Julian von Halikarnass ist.

Bonn 1894

H. Usener.

AUSZÜGE

aus

PARISER CATENENHANDSCHRIFTEN

zum

ALTEN TESTAMENT

und den

EVANGELIEN

Die listen geben anfang und ende jedes fragmentes. orthographie und lesezeichen sind — auch gegen die hss. — einheitlich geregelt.

Der apparat enthält nur die für classification wesentlichen varianten.

.... γινομένων φησίν bedeutet abweichendes ende bei gleichem anfang, ὅτι τὸν ἄνθρωπον τὸν ... abweichenden anfang bei gleichem ende.

8ª. 8ᵇ. 8ᶜ. sind neue, von dem abweichenden zeugen hinter nr. 8 zugesetzte stücke.

II 4 weist auf das vierte fragment derselben probestelle in der zweiten recension des betr. buches hin.

Die drucke werden nach seiten, spalten oder folien und gegebenen falls auch nach zeilen citiert.

In der catene zum Octateuch und den Königsbüchern sind als probestellen die anfänge der einzelnen bücher gewählt. Bei CL und ZEPH. im apparat bedeutet + 2 TOY AYTOY das hinzutreten von zwei neuen mit TOY AYTOY bezeichneten, + ΓΕΝΝ´ die anfügung eines neuen unter Gennadius' namen gehenden stückes.

BC Die griechischen christlichen Schriftsteller der ersten drei Jahrhunderte herausgegeben von der Kirchenväter-Commission der königl. preufsischen Akademie der Wissenschaften. Hippolytus: erster Band. Leipzig 1897. 8°.

CATENE ZUM OCTATEUCH UND DEN KÖNIGSBÜCHERN

Handschriften

A Parisinus nat. gr. 128 XII. jahrhundert. enthält den Octateuch. pergament 37 × 27,5 cm. 1 columne. 47 zeilen. text und catene hintereinander. später, wo des öfteren der text den commentar überwiegt, ist dieser auf dem rand gedrängt. namen rot im text, sind sehr regelmäßig gesetzt. (610 pg.)

B Paris. nat. gr. 129. XIII. jahrhundert. enthält den Octateuch. am anfang und ende fehlen blätter (Ruth). bombycin 34 × 26 cm. 2 columnen. 40 zeilen. text und catene hintereinander. namen rot im text. (539 fol.)

C Paris. nat. gr. 130. 132. XV. jahrhundert. enthält den Octateuch. in 2 bände gebunden. papier. 34,5 × 24,5 cm. 1 columne. sehr schön geschrieben. text und catene hintereinander. namen rot teils im text, teils am rande. (228 + 421 fol)

D Paris. coisl. gr. 5. XIII. jahrhundert. (im jahre 1264) enthält Levit.—Ruth. pergament 36,5 × 28,5. 1 columne. 50 zeilen. gut geschrieben. text und catene hintereinander. namen rot im text. (185 fol.)

E Paris. coisl. gr. 6. XIII. jahrhundert. enthält Levit.—Ruth. pergament 37,5 × 26,5 cm. 2 columnen. 40 zeilen. gut geschrieben. text und catene hintereinander. namen rot im text. (276 fol.)

F Paris. coisl. gr. 7. XII. jahrhundert. enthält Josua—IV Regn. pergament 32,5 × 27 cm. text in der mitte, catene am rande. namen rot im text, aber fehlen fast immer. (127 fol.)

G Paris. nat. gr. 161. XIII. jahrhundert (darunter ein palimpsest des X/XI. jahrhunderts). enthält die Genesis. pergament 21,5 × 17 cm. 1 columne. 31 zeilen. text und catene hintereinander. namen schwarz am rande. (127 fol.)

H Paris. nat. gr. 131. XVI. jahrhundert. enthält die Exodus am anfang lückenhaft. papier 31,5 × 20,5 cm. 1 columne. 30 zeilen. text und catene hintereinander. namen rot am rande. (156 fol.)

J Paris. coisl. gr. 8. X. jahrhundert. am anfang lückenhaft. enthält die Königsbücher mit catene, Paralip. mit commentar Theodorets, I. II. Esdras Neemias Esther Tobith Judith mit prologen und capitellisten, I. II. Macc. ohne beigaben. (vgl. Montfoucon bibl. coisl. pg. 43 ff.) pergament 35 × 24 cm. 1 columne. 39 zeilen. text und commentar hintereinander; der text in schmalerer columne. namen schwarz im text. (283 fol.)

K Paris. nat. gr. 133. XVI. jahrhundert. enthält Königsbücher und Paralipomena, beide mit catene. bombycin 25 × 16,5 cm. 32 zeilen. text und catene hintereinander. namen rot im text. (258 fol.)

Drucke

CL Ϲειρα ενος και πεντηκοντα υπομνηματιϲτων ειϲ την οκτατευχον και τα των βαϲιλειων ηδη πρωτον τυποιϲ εκδοθειϲα αξιωϲει μεν του ευϲεβεϲτατου και γαληνοτατου ηγεμονοϲ παϲηϲ Ουγκροβλαχιαϲ κυριου κυριου Γρηγοριου Αλεξανδρου Γκικα επιμελεια δε Νικηφορου Ιερομοναχου του Θεοτοκου … εν Λειψία τῆϲ Ϲαξονίαϲ, εν τῇ τυπογραφία τοῦ Βρεϊτκόπφ. Έτει ͵αψοβ´/γ´. 2 bde. fol.

ZEPH. Moyses enucleatus, seu locorum obscuriorum, qui pentateucho continentur, aperta, dilucida, maximéque vtilis ex antiquis Graecorum Theologis sumpta explanatio: Francisco Zephyro Florentino interprete Explicatio item brevis canticorum omnium tam veteris quàm novi Testamenti, ab ipsis quidem veteribus S. Patribus profecta, nunc verò è Graeco in Latinum sermonem translata ab Antonio Carafa. Coloniae Agrippinae, apud Petrum Haack. Anno CIƆ. IƆ. XCVII. kl. 8°.

Kirchenväter werden nach Migne citiert: Basilius Hexaëmeron XXIX. Chrysostomus Homil. in Genes. LIII. Cyrill. Alex. Γλαφυρά LXIX. Greg. Nyss. Hexaëmeron und Vita Mosis XLIV. Isidor. Pelus. epist. LXXVIII. Origenes-Rufin. Homil. in Genes. XII. Proc. Gaz. comm. LXXXVII. Severian. Gabal. Homil. in mundi creat. LVI. Theodoret Quaest. LXXX.

CATENE ZUM OCTATEUCH
PROLOGE

1 ΑΡΙϹΤΕΑϹ ΦΙΛΟΚΡΑΤΕΙ ἀξιόλογον διηγήϲεωϲ ὦ φιλόκρατεϲ..... τοῦ βουλήματοϲ τὸ κάλλιϲτον ἔπαθλον.

2 ΘΕΟΔΩΡΗΤΟϹ ΥΠΑΤΙῼ καὶ ἄλλοι μὲν φιλομαθεῖϲ ἄνδρεϲ...........καὶ προοίμιον τῆϲ θεοπνεύϲτου γραφῆϲ.

3 ΓΡΗΓΟΡΙΟΥ ΝΥϹϹΗϹ ἐπειδήπερ εἰϲαγωγικὸν πρὸϲ θεογνωϲίαν.....θεοῦ τιϲ ἀντικρύϲ ἐϲτι φωνή.

ZU GENESIS

1   βαρηϲὴθ παρὰ ἑβραίοιϲ..................λόγοι ἡμερῶν.
2 ΘΕΟΔΩΡΗΤΟΥ μετρεῖν εἴωθε τοῖϲ.............ἐν τῇ ἐρήμῳ ϲυνέγραφεν.
3 ΒΑϹΙΛΕΙΟΥ ὁ εἰπὼν δημιουργόν..................μετὰ τὸν δημιουργόν.
4 ΧΡΥϹΟϹΤΟΜΟΥ τί δήποτε τὸν οὐρανὸν.........καὶ τεχνίτηϲ ἐϲτίν.
5 ϹΕΒΗΡΟΥ ΓΑΒΑΛΩΝ δύω πρόκειται..............παιδεύειν ἀκολουθίαϲ.
6 ΑΚΑΚΙΟΥ ΚΑΙϹΑΡΕΙΑϹ διὰ τί μέλλων νομοθετεῖν..........καὶ δημιουργόϲ.
7 ΑΛΛΟϹ καὶ ὁ νόμοϲ ἀπὸ ἔαροϲ....................ἡ κτίϲιϲ τοῦ κόϲμου.
8 ΔΙΟΔΩΡΟΥ τῶν βαρβάρων ὅϲοι..................οὐρανὸν καὶ τὴν γῆν.
9 ΓΕΝΝΑΔΙΟΥ ΚΩΝϹΤ' εἰϲί τινεϲ οἵ φαϲι.........θραϲυνομένοιϲ ϲτερκτέον.
10 ΘΕΟΔΩΡΗΤΟΥ τί δήποτε τῆϲ τῶν ἀγγέλων οὐκ ἐμνήϲθη δημιουργίαϲ; οὐδὲν ϲτερρεὸν εἶχον.............διδαϲκαλίαϲ ἀνάπλεωϲ.
11 ϹΕΒΗΡΙΑΝΟΥ διὰ τί μωϲῆϲ μὲν.................ἑρμηνεύϲῃ τὸν ἀόρατον.
12 ΑΚΑΚΙΟΥ ἐν ἀρχῇ ἐποίηϲεν.............ἀγέννητον εἶναι τὸν δημιουργόν.

Prol. hss. ACG 1 > G 2 überschrift von zweiter hand A. *Theodoretus Hypatio* jüngere hand C. Θεοδωρίτου εἰϲ τὰ ἄπορα τῆϲ θείαϲ γραφῆϲ G 3 > G. von jüngerer hand A.
Gen. hss. ACG 1 am rande AC > G 3 mit 4 als ein stück AG 4 name > AG 6 am rande A 7 am rande A. hinter 9 G 10 überschrift am rande A

Prol. 1 > CL 2 > CL; Theod. 76 ohne die überschrift. 3 > CL; Greg. Nyss. 69 D_6—72 C_{15}. Genes. 1 > CL 2 CL 1 A cf. Lip. 3i; Theod. 77 A 3 CL 4 Z; das citat nicht wörtlich bei Bas. zu finden, der gedanke weitläufig ausgeführt. es folgen in CL zwei fragmente desselben autors, die sich Bas. 13 A_{4-11} C_{9-14} 20 A_6—21 A_5 finden. 4 CL 5 Є; Chrys. giebt 30_{15} ff. den gedanken in anderer form; dagegen sind die beiden in CL folgenden fragmente desselben wörtlich aus 27_{55}—28_{16}. 29_{1-14} entlehnt. 5 CL 6 Γ cf. Lip. 3k; Sev. 431_{32-41} 6 CL 7 A 7 CL 9 B ΑΛΛΩϹ 8 CL 8 Δ 9 cf. Lip. 3k. CL 8 Z ... παραδεδομένοιϲ ϲτερκτέον 10 CL 1 Є; Theod. 77 C 11 CL 6 Δ; Sev. 431_{32}—432_5 12 CL 7 B ∥ CL ordnet 2. 10 + 2 ΤΟΥ ΑΥΤΟΥ (quaest. 3—4). 3 + 2 ΤΟΥ ΑΥΤΟΥ. 4 + 2 ΤΟΥ ΑΥΤΟΥ. 5. 11 + ϹΕΒΗΡΟΥ. 6. 12 + ΑΛΛΩϹ· 8 + ΤΟΥ ΑΥΤΟΥ. 9. 7 + ΤΟΥ ΑΥΤΟΥ. ZEPH. hat ΑΘΑΝ'. 2 + einem kurzen abschnitt über den namen Genesis. 5. 8. 9. 10. 11 + ΘΕΟΔ' (CL 3 A) + ϹΕΒ' (CL 6 Є) + ΒΑϹ' (CL 4 Z) + ΘΕΟΔ' (fehlt in CL und Theod.) + Rab. Mos. + ΒΑϹ' (CL 5 A) + ΓΕΝΝ' (CL 9 B) + ΔΙΟΔ' (CL 8 Z) + ΘΕΟΔ (CL 3 Z)

ZU EXODUS

1 Ὅτι τὸ πρῶτον βιβλίον................................τὸ πρόσταγμα.
2 ΘΕΟΔΩΡΗΤΟΥ πῶς νοητέον τὸ χυδαῖοι ἐγένοντο;
                  οὐχ ὥς τινες νενοήκασιν..........ἴσχυον σφόδρα σφόδρα.
3 ΤΟΥ ΑΓ' ΚΥΡΙΛΛΟΥ ἐπειδὴ ὑπὸ δεινῷ..........πλινθίαις ἐντρυχομένους.
4   ἀντὶ τοῦ μηχανῇ τινι..........πράγματος πρόφασιν.
5   περιειστήκει δὲ τῷ..............ἀνοσίως ἐξυβρίσηται.
6   ὅσον γὰρ ὁ ἰσραὴλ............ἔχοντες καὶ εἰρήνην.
7   ὁ σύρος καὶ ὁ ἑβραῖος........ἐξελθεῖν ἐπιθυμήσωσιν.
8 ΤΟΥ ΑΓ' ΓΡΗΓΟΡ' ΝΥCCΗC ἡ ὑλικὴ καὶ................τόκος πολέμιος.
9 ΕΥCΕΒΙΟΥ τοὺς ἀχειροποιήτους..................ἀποίκων ζητήσεις.
10 ΤΟΥ ΑΓ' ΚΥΡΙΛΛΟΥ πρὸ μὲν γὰρ τῆς τοῦ............ἅμα ἠχρειώθησαν.
11 ΚΑΙ ΜΕΤ ΟΛΙΓΑ ἐπειδὴ γέγονε μεθ'................φημὶ δ' ὁ μωυσής.
12 [CΥΜΜ'] εἶπον δὲ αἱ μαῖαι....................τὰς μαίας τίκτουσιν.
13 ΘΕΟΔΟΤ' ὅτι ζωογονοῦσι.....................πρὸς αὐτὰς τίκτουσιν.
14 ΔΙΟΔΩΡΟΥ ἡ τῶν δ ἑρμηνεία................ζωογονεῖν τοὺς ἄρσενας.
15 ΘΕΟΔΩΡΗΤΟΥ τί ἐστιν ἐπειδὴ.................ἑαυταῖς οἰκίας;
                  τοῦ φαραὼ κελεύσαντος............ἀγαθῶν ἐδωρήσατο.

ZU LEVITICUS

1 ὨΡΙΓΕΝΟΥC λευιτικὸν ὠνόμασται.................καιριωτέρου δηλωτική.
2 ΘΕΟΔΩΡΗΤΟΥ τίνος ἕνεκα τὰς...............προσέταξεν ὁ θεός;
                  πολλαχοῦ μὲν ἡμῖν εἴρηται.............θεραπεύει ζημίᾳ.
3 ὨΡΙΓΕΝΟΥC τὸν περὶ θυσιῶν λόγον................ἐν τούτοις μαθήματα.
4 ΤΟΥ ΑΥΤΟΥ ΕΙC ΤΟ ΑΥΤΟ τετηρήκαμεν πολλαχοῦ.....τὸ ἔμψυχον μόνον.
5   ἐπειδὴ ἔχαιρον...........μὴ θύειν δαίμοσιν.

ZU NUMERI

1 ΘΕΟΔΩΡΗΤΟΥ διὰ τί προσέταξεν ἀριθμηθῆναι τὸν λαὸν ὁ θεός;
                  ἵνα τῆς οἰκείας ἐπαγγελίας..............ἐπλήθυνα αὐτόν.

Exod. hss. ABC (H ist am anfang lückenhaft) **1** am rande AC **4—9** am rande AC **9** > B **12** > B. name > AC **13** > B **15** überschrift > B
Levit. hss. ABCDE **1** schluss von jüngerer hand B

Exod. 1 CL 553A **2** CL 554Δ; Theod. 225C **3** CL 556ΓΔ + 555B; Cyr. 389C₁₂—392A₃ **4** > CL **5** CL 555Δ; Cyr. 388D₅₋₁₀ **6** CL 555Ε **7** CL 555Z **8** CL 556Z; Greg. Nyss. 328A₁₂—B₂ **9** CL 558Γ **10** CL 558Z; Cyr. 396C₁₂—D₇ **11** CL 559Ε; Cyr. 397A₁₋₇ **12** CL 557B μαῖαι γὰρ ... **13** CL 557B **14** CL 557Γ **15** CL 558B; Theod. 228A ∥ CL ordnet 1. 2 + ΑΔΗΛΟΥ + ΚΥΡ'. 5. 6. 7. 3. 8. 12. 13. 14 + CΥΜ' + ΑΚ' + ΑΔΗΛ'. 15 + ΕΥC'. 9 + ΚΥΡ'. 10. hier beginnt cap. II. ΑΔ' + ΚΥΡ'. 11. ΖΕΡΗ. hat ΑΘΑΝ'. 1 (ΘΕΟΔ' zugeteilt) 6. 3. 15. 14.

Levit. 1 CL 953Γ **2** CL 953Z ... ἐρίφοις ἀπεικάσας (= Theod. 304B₂); Theod. 297C₃—307 ende **3** CL 953Γ; vgl. Orig.-Ruf. 406B₃ **4** CL 956Z **5** CL 959Δ **ΤΟΥ ΑΥΤΟΥ** (sc. ὨΡΙΓ') ∥ CL ordnet 1. 3. 2. 4. viel später folgt 5. ΖΕΡΗ. ΑΘΑΝ'. 3. 2.

Num. 1 CL 1161Z; Theod. 349D—352B

2 ΑΠΟΛΙΝ' τὸ δὲ κατὰ cυγγενείαc.................... τῷ ὅλῳ τὸ μέροc.
3 ΒΑCΙΛΕΙΟΥ ΕΚ ΤῶΝ ΕΙC ΤΟΝ ΗCΑΙΑΝ τήρει φηcὶν ὅτι ἐν ἀριθμοῖc... καταγραφῆc ἀξιούμενοc.
4 ΚΥΡΙΛΛΟΥ ὅτι τὸ ἄρcεν καὶ...................... βίβλοιc ἀπογραφή.
5 ΑΠΟΛΙΝ' ἀριθμοῦcι δὲ τοῖc..................... τὴν ὑcτέραν ἐκκληcίαν.

ZU DEUTERONOMIUM

1   τὸ δευτερονόμιον πέμπτον............ πάντα τὰ μωcαϊκά.
2   τὸ προοίμιον διδάcκει................ καὶ τὸν χρόνον.
3 ὠΡΙΓΕΝΟΥC ἐπειδὴ ὁ μὲν θεὸc................... ὑπὸ θεοῦ εἰρημένα.
4 ΘΕΟΔωΡΗΤΟΥ διὰ τί τὸ πέμπτον........ δευτερονόμιον ἐκλήθη;
              ἐξαγαγὼν ἐξ αἰγύπτου............... τὰ τούτοιc ὅμοια.
5 ΕΙC ΤΟ ΑΥΤΟ ΤΟΥ ΠΗΛΟΥCΙώΤΟΥ ΕΠΙCΤΟΛΗ
              τί ἐcτιν ἔφηc τὸ περὶ............. ποιῆcαι τολμηcάντων.

ZU JOSUA

1   καὶ ἐγένετο μετὰ τὴν τελευτὴν........ ἁρπάζουcιν αὐτήν.
2 ΘΕΟΔωΡΗΤΟΥ ΕΙC ΤΟ ΑΥΤΟ καὶ πῶc ἁρμόττει.... τῷ ὑπουργῷ μωυcῇ;
              ἀκούομεν καὶ τοῦ ἀποcτόλου........ ἀκουcόμεθα καὶ cοῦ.
3 ΑΝΕΠΙΓΡ' τετελεύτηκε μωυcῆc...................... καὶ τοὺc προφήταc.
4   ἰcτέον δὲ ὅτι ὁ μὲν μωυcῆc............... μὴ ἀπειθήcανταc.

ZU JUDICES

1   μηδεὶc τὴν τῶν κριτῶν............. πρὸc νουθεcίαν ἡμῶν.
2 ΕΙC ΤΟ ΑΥΤΟ κριταὶ κέκληνται...................... βλάβηc ἐλευθεροῦν.
3 ΘΕΟΔωΡΗΤΟΥ διὰ τί κριταὶ τὸ βιβλίον ὠνόμαcται;
              ὥcπερ τῶν βαcιλέων ἡ............. τὴν πρόρρηcιν τέλοc.
4 ΕΙC ΤΟ ΑΥΤΟ ΑΝΕΠΙΓΡ' τελευτήcαντοc τοίνυν........ τὴν ἰηcοῦ τελευτήν.
5   εἰ καὶ κατ' ἐκεῖνον....... ὁ δαδ εἷλε προλιορκήcαc;
              πολλὰc ἔcχε μεταβολὰc............. ἰεβοῦc ὠνομαcμένα.

Num. hss. ABCDE 2 und 3 am rande A hinter 3 eine hexapl notiz. B 5 name > D
Deut. hss. ABCDE. nach 4 folgt in D eine hexaplarische notiz, die sonst hinter 5 steht. 5 name > E
Jos. hss. ABCDEF 2 name > A
Jud. hss. ABCDEF 2 > D. Κυρίλλου E 4 am rande A. Γενναδίου εἰc τὸ αὐτό E

Num. 2 CL 1162Є 3 CL 1163A 4 CL 1162Z 5 CL 1163Γ ‖ CL ordnet 1. 2. 4. 3. 5. ZEPH. hat nur 1.
Deut. 1 CL 1421A 2 CL 1422Є ΔΙΟΔώΡΟΥ 3 CL 1423A und unter ΔΙΟΔώΡΟΥ sofort dahinter wiederholt 4 CL 1417Γ; Theod. 401A ff. 5 CL 1441Z; Isid. (ep. III 391.) 1032B ‖ CL ordnet 4. 1 + ΕΙΡΗΝ'. 2. 3 + ΔΙΟΔ' (derselbe wortlaut); 5 wird erst zu Deut. IV 19 citiert. ZEPH. hat 4 (stark verkürzt) 2. 3 (ΔΙΟΔ' langes fragment mit übereinstimmendem anfang).
Josua 1 CL 1A; Theod. 457A 2 CL 2Γ; Theod. 460A 3 CL 3Γ 4 CL 3Γ' ‖ CL ordnet ΑΔΗΛ. 1. 2. 3. 4.
Jud. 1 CL 117Є 2 CL 117Δ 3 CL 117Γ; Theod. 485C 4 CL 119B 5 CL 121Є; Theod. 488A ‖ CL ordnet 3. 2. 1. 4 + ΑΔΗΛ'. 5.

ZU RUTH

1   τί δήποτε κατὰ τὴν ῥοὺθ cυνεγράφη διήγημα;
           πρῶτον διὰ τὸν .... τῶν χειρῶν ἐπιμέλειαν.
2   ἡ ῥοὺθ τύπον ἐπέχει ἐκκληcίαc.
3 ΩΡΙΓΕΝΟΥC ῥοὺθ τύπον φέρει .... ἀδίκοιc καὶ ἀνυποτάκτοιc.

PROLOGE bei Nikephoros

1 ΠΟCΑΙ ΠΑΡΑΔΟCΕΙC ΕΙCΙ ΤΗC ΓΡΑΦΗC etc.
   πρώτη ἐcτὶν ἡ τῶν ο͞β .... folgt die liste der 7 übersetzungen
                                   .... κονιάματι εἰc διαφύλαξιν.
2 ΠΟCΑΚΙC ΚΑΙ ΠΟΤΕ ΕΠΟΡΘΗΘΗCΑΝ ΟΙ ΕΞ ΙCΡΑΗΛ
   ἐπὶ ῥοβοὰμ coυcακὶμ .... ἐcχάτῃ ἁλώcει.
3 ΠΟΤΕ ΚΑΙ ΠΟΘΕΝ ΓΕΓΟΝΕΝ Η ΕΝ ΤΑΙC ΘΕΙΑΙC ΓΡΑΦΑΙC ΕΥΡΙCΚΟΜΕΝΗ
   ΑCΑΦΕΙΑ ὅτι ἐν τῇ αἰχμαλωcίᾳ .... γραφῇ παραδέδωκεν.
4 ΠΟΙΟΙC ΚΑΙ ΠΟCΟΙC ΟΝΟΜΑCΙΝ ΠΑΡ ΕΒΡΑΙΟΙC ΟΝΟΜΑΖΕΤΑΙ Ο ΘΕΟC
   δέκα ὀνόματα παρ' .... τοῦ ἦθ ὁ ζῶν.
5 ΕΚ ΤΩΝ ΤΟΥ ΠΡΟΚΟΠΙΟΥ ΤΟΥ ΓΑΖΑΙΟΥ
   ἡ τοίνυν γένεcιc μωcέωc .... τὸ δύναcθαι πρυτανεύοντοc.

CATENE ZU DEN IV KÖNIGSBÜCHERN

I

ZU 1 REGN.

1 διὰ τί βαcιλείαc καλεῖται τὸ βιβλίον;
   ἐπειδὴ ἡ πρώτη .... τέλοc ἔχει τὸ βιβλίον.
2 ἐπειδὴ τῆc θείαc χάριτοc .... καταλίπωμεν ἀτελῆ.
3 ΕΙC ΤΑC ΒΑCΙΛΕΙΑC πλεῖcτοι προφῆται .... ἄλλοιc διδάcκομεν.
4 εἴc ἐκ τῶν υἱῶν .... ἐγυμνώθη τιμῆc.
5 ΘΕΟΔΩΡΗΤΟΥ ἐπειδὴ τῆc θείαc χάριτοc .... καταλίπωμεν ἀτελῆ.
6 τίc ἡ αἰτία τῆc ἐν τῇ γραφῇ ἀcαφείαc;
   ΤΟΥ ΑΥΤΟΥ ἡ ἐξ ἑτέρων γλωccῶν .... κἀκείνη μεcτή.

Ruth hss. ACDEF   **2** > F am rande AC   **3** am rande A name > F.
Prol. Nic. stehen in den hss. hinter dem Octateuch.   **1** haben ACDEF (E bricht bei recension ε' ab)   **2** haben ACDF   **3** C ohne überschrift   **4** CF ohne überschrift   **5** > hss.

I   hss: text nach F. J ordnet resp. variiert wie folgt (nicht angeführte fragmente fehlen):
    I Regn. anfang fehlt.

Ruth 1 = CL 257Γ; Theod. 517D   **2** > CL   **3** CL 260Δ ‖ CL ordnet 1 + 2 ΑΔΗΛ'. 3.
Prol. Nic. diese Prologe giebt CL I pg. κθ ff.   **1** vgl. Athan. Synops. sacr. script. XXVIII p. 433B.
I   **1 Regn. 1** CL 277B; Athan. XXVIII 313D   **2** CL 277Δ; Theod. 528B—529A$_1$ **3** CL 277Ε ... ἄλλοιc διδάcκομεν; Theod. 529A$_2$—C$_2$? Proc. 1080C   **4** CL 279B *ΠΡΟΚΟΠΙΟΥ anf. Proc. 1081A   **5** = 2 > CL   **6** CL 277Δ; Theod. 529A$_{1-5}$ ‖ CL ordnet 1. 2. 6. 3. 4.

ZU II REGN.

1 ΘΕΟΔΩΡΗΤΟΥ τινὲς μὲν ἐπιμέμφονται............κυρίου καὶ τὰ ἑξῆς.
2 ἀντὶ τοῦ ἡττήθη.......................δᾶδ περὶ τοῦτο.
3 κόςμος χρυςοῦς ὁ τοῖς.....................αὐτὸ κέκληκεν.
4 πολλὰ τὸν θρῆνον...................καὶ ἐνήςτευςαν καὶ ἑξῆς.
5 πολλὰ τὸν θρῆνον...................ἐπὶ ςτεφάνῳ ποιήςαντες.
6 δῆλόν ἐςτιν ἐντεῦθεν................βιβλίου τοῦ εὐθοῦς.

ZU III REGN.

1 τί θαυμάζεις ὅτι.................προφανῆ προςτηςάμενοι.
2 ὁ μὲν ἀβεςςαλὼμ................δίκην εἰςέπραξεν.
3 ζητήςεις εἴ που...............καὶ πρεςβύτης.
4 τὸ τῆς παρθένου ἀκμαῖον................ἣν διώνυμος.
5 μήποτε πρόβατα....................μιᾶς ἡλικίας.
6 παρά τινα πηγήν..................πηγὴν ἡρμήνευςεν.

ZU IV REGN.

1 δαςμὸν ἔφερον οἱ.................οὐκ ἠνέςχοντο ἄρχεςθαι.
2 οἶκος ἦν ὥρα θέρους..............ὀνομάζουςιν οἱ πολλοί.
3 καὶ προςόχθιςμα καὶ..............τύπον θεὸν ἀνηγόρευςαν.
4 τινὲς ὠμότητα τοῦ................πυρὶ παραδέδωκεν.
οἱ τοῦ προφήτου...............τιμωρίαν διέφυγεν.
5 οἱ τὸν προφήτην................καὶ παίζειν δικαίους.

1   **II Regn. 3** ΘΕΟΔ´ **1. 4** . . . ἐπλήγηςαν ἐν ῥομφαίᾳ   **5** οὐ πενθεῖ μόνον . . . εἰς αὐτὸν ἐφελκόμενος.   **6** ΘΕΟΔ´.

III Regn. 1 ΘΕΟΔ´ τινὲς ὑπολαμβάνουςιν...τῷ βαςιλεῖ. ἀνοήτως ἄγαν...ἐβεβαίωςεν λόγους. **2** τὸν γηὼν τίνα καλεῖ; γηὼν μὲν ὁ νεῖλος...χερρὶ καὶ φελθί. **3** γηὼν τὴν ςιλοάμ... ὥςπερ ἀφοιτᾶν **4** ΘΕΟΔ´ τί δήποτε οἱ ἄρχοντες . . . θρόνον ςου; ᾔδεςαν ὡς οὐδεὶς ... θρόνου ἰςραήλ.

IV Regn. 1 ΘΕΟΔ´   **2** ΤΟΥ ΑΥΤΟΥ   **3** ΤΟΥ ΑΥΤΟΥ   **4** ΤΟΥ ΑΥΤΟΥ   **5** πρὸς τιμωρίαν ἑώρα . . . πάντα προμήθειαν.

1   **II Regn. 1** CL 496 B; Theod. 597 A   **2** CL 494Γ... ἀκύλας κατέλαβον *ΠΡΟΚ´ Proc. 1120C   **3** CL 495Γ; Proc. 1120C = Theod. 597B cf. II 1   **4** CL 495Є; Theod. 597C₃₋₄   **5** > CL; 4 + 5 = Proc. 1120D₂—1121A₄ cf. II 4   **6** CL 497B; Theod. 600A. CL ordnet 2. 3. 4. 1 + 2 *ΠΡΟΚ´ (das erste = II 2) + ΑΔΗΛ´ (= J 5 = II 3?). 6.

III Regn. 1 > CL **2** > CL **3** CL 648A; Proc. 1148C cf. II 1   **4** CL 649Γ **ΠΡΟΚ´ + 650A *ΠΡΟΚ´; Proc. 1148C. ende = Theod. 667₁₋₉ cf. II 2. 3   **5** CL 650Z; Proc. 1148D cf. II 4   **6** CL 650Z₇₋₁₁; Proc. 1148D = Theod. 667₄₋₆ cf. II 5 ‖ J bat   **1** CL 651A; Theod. 668A   **2** CL 653Γ; Theod. 668B   **3** CL 653Γ₅; Theod. 669A₄?   **4** anfang = CL 655B; das ganze bei Theod. 669A. ‖ CL ordnet 3. (4¹ᵛᵉ). 4². 5. 6.

IV Regn. 1 CL 811B; Theod. 745A Proc. 1180C cf. II 1   **2** CL 813A; Theod. 745A cf. II 2. Proc. 1180C   **3** CL 814B Theod. 745B Proc. 1180C cf. II 4 anfang   **4** CL 816Γ; Theod. 745C   **5** CL 816Δ₅? + Є **ΠΡΟΚ´; Proc. 1181A. die erste hälfte = 4 cf. II 5. ‖ CL ordnet wie F.

II
PROLOGE

ΠΡΟΘΕΩΡΙΑ ΕΙC ΤΑC ΒΑCΙΛΕΙΑC. ΒΑCΙΛΕΙῶΝ Ᾱ
1 ΘΕΟΔΩΡΗΤΟΥ πολλοὶ προφῆται.....................cκεύη τὰ ἅγια.
2 ΘΕΟΔΩΡΗΤΟΥ εἰ ἐξ ἀριμαθαὶμ...................κατὰ τὸν παῦλον.

ZU I REGN.
nicht erhalten.

ZU II REGN.
1 ΘΕΤ' ὁ χλιδὼν κόσμος................βραχιάριον αὐτὸ κέκληκεν.
2 ΘΕΤ' εὖτε φιλοσόφου ψυχῆς....................ἐξηνέχθη παρὰ θεοῦ.
3 ΘΕΤ' οὐ πενθεῖ μόνον..........................ὁ δὲ θρῆνός φηcιν.
4 δ δηλοῖ τὸ ἐκ πολλῶν........................cτεφάνῳ ποιήcαντεc.
5 ἀντὶ τοῦ ὡc cτήλην...........................ἐφεξῆς μαρτυρεῖ.
6 ΘΕΤ' ἐπαρᾶται τοῖc ἀψύχοιc..................οἶκοc ὑμῶν ἔρημοc.

ZU III REGN.
1 Ζητήcειc δέ που.............................καὶ πρεcβύτης
2 τὸ τῆc παρθένου...........................δεκτικῆc μεταδίδωcιν.
3 γράφεται.....................................διώνυμοc γὰρ ἦν.
4 μήποτε πρόβατα μὲν........................μιᾶc ἡλικίαc.
5 ΘΕΤ' τὸ cυccίτιον............................ὁ cύροc καλεῖ.

ZU IV REGN.
1 οὐ γὰρ τὸν cυνήθη.........................ἀχαὰβ ἔφερον.
2 ἀκύλαc περὶ τόν............................ὀνομάζουcιν οἱ πολλοί.
3 ὁ ἑβραῖοc βαβὰλζεβούλ.....................ἐκβάλλει τὰ δαιμόνια.
4 ΘΕΤ' προcοχθίcματα καὶ....................ἣν ἐθεοποίηcαν.
5 ΘΕΤ' οἱ τὸν προφήτην.....................καὶ παίζειν δικαίουc.

II hs. K. **Prol.** alles von jüngerer hand nachgetragen mit der notiz ταῦτα ὡc οἷόντε μοι ἀντέγραψα καὶ εἴπερ οὐκ ἔcτι κατὰ τὸ πρωτότυπον cυγγνῶτε ὅτι cεcαθρωμένον ἐcτί. die nächste seite ist stark verwischt.

II **Prol. 1** anfang = CL 277 Є; das ganze bei Theod. 529 A₇—532 A₇
II Regn. 1 CL 495 B; Proc. 1120 C = Theod. 597 B **2** CL 496 Δ *ΠΡΟΚ' anf. Proc. 1120 C **3** CL 497 A ? oder 496 Γ₄ = Theod. 597 A₈ ? **4** > CL; Proc. 1120 B cf. I 5 **5** CL 497 Γ—Є₇; Proc. 1121 A + Theod. 600 A₁₁—B₂ **6** ende = CL 498 A *ΠΡΟΚ' das ganze bei Proc. 1121 B, der anfang bei Theod. 600 B.
III Regn. 1 CL 648 A; Proc. 1148 C cf. I 3 **2** CL 649 Γ **ΠΡΟΚ'; Proc. 1148 C cf. I 4¹ **3** CL 650 A; Proc. 1148 C = Theod. 667₁₋₂ cf. I 4² **4** CL 650 Z; Proc. 1148 D cf. I 5 **5** CL 650 Z; Proc. 1148 D = Theod. 667₄₋₆ cf. I 6.
IV Regn. 1 cf. CL 811 B ?; Theod. 745 A cf. I 1 **2** ende = CL 813 A cf. I 2 **3** > CL **4** CL 814 B + 814 A **ΠΡΟΚ'; Proc. 1180 C anfang = I 3 **5** CL 816 Δ + Є **ΠΡΟΚ'; Proc. 1181 A cf. I 5.

CATENEN ZUM PSALTER

I

A Paris. nat. gr. 139 (reserve) aus dem anfang des X. jahrhunderts. enthält psalmen und cantica. schönes starkes pergament 35,5 × 26 cm. text in der mitte, catene am rande. 70 zeilen catene. namen rot im text, sorgfältig gesetzt. sehr schön geschrieben. jeder psalm beginnt mit zierlicher kopfleiste und überschrift in farben und gold (vgl. die beschreibung der hs. bei H. Bordier, descr. des peint. dans les mss. de la bibl. nat. p. 108). die buchstaben stehen über den zeilen fol. 1—311ᵃ und 318ᵃ mitte bis zum ende der hs. von 311ᵃ bis 318ᵃ unter der zeile, vielleicht von anderer hand. (449 fol.)

B Paris. nat. gr. 148. XVI. jahrhundert. enthält Ps. 1—76. papier 35,5 × 24 cm. text und catene hintereinander. 1 columne 30 zeilen. schön geschrieben. namen rot am rande. ist abschrift von A. (639 fol.)

₵ Expositio Patrum Graecorum in psalmos, à Balthasare Corderio Soc. Iesu ex vetustissimis Sac. Caes. Maiestatis, & Sereniss. Bauariae Ducis mss. codicibus ἀνεκδότοις concinnata; in Paraphrasin, Commentarium et Catenam digesta; Latinitate donata, & Annotationibus illustrata ... Antverpiae, ex officina Plantiniana Balthasaris Moreti M. DC. XLIII—VI. 3 Bde fol.

𝔅 Aurea in quinquaginta Davidicos Psalmos doctorum Graecorum catena. Interprete Daniele Barbaro electo Patriarcha Aquileiensi. cum privilegio. Venetijs, apud Georgium de Caballis. MDLXIX. fol.

Athanasius expos. in Psalmos und de titulis psalm. (aus cat.) XXVII. Basilius homil. in Psalm. XXX. Chrysostomus hom. in Psalm. LV. Eusebius comment. in Psalm. XXIII. Gregor. Nyssen. in Psalm. inscript. XLIV. Orig. cat. unter dem namen des Origenes bei Migne XII edierte catenenfragmente zu den Pss. Theodoret comment. in Ps. LXXX.

CATENE ZU PSALM I   ΨΑΛΜΟΣ Ā

1 ΕΥΣΕΒΙΟΥ ΚΑΙΣΑΡΕΙΑΣ μακαριότητος μὲν κατὰ ....κεῖται παρ' ἑβραίοις.
2 ΒΑΣΙΛΕΙΟΥ ΚΑΠΠΑΔΟΚΙΑΣ ὡς δὲ μέλλων..........τὸ κακὸν ἐπαινετός.
3 ΩΡΙΓΕΝΟΥΣ ἀλλὰ πῶς ἐν ἀναιρέσει............καὶ ἀθλητῶν ἐνεργήματα.
4 ΑΣΤΕΡΙΟΥ ὡς μαθητὴς δὲ.................σὺν ἀληθείᾳ σεβόμενοι.
5 ΘΕΟΔΩΡΗΤΟΥ κυρίως δὲ μακάριος................ὑπάρχει καρπός.
6 ΘΕΟΔΩΡΗΤΟΥ καὶ ἐντεῦθεν ῥάδιον.............ὁ μακάριος δᾱδ.
7 ΒΑΣΙΛΕΙΟΥ τῇ φύσει τῶν πραγμάτων.............ἐν βουλῇ ἀσεβῶν.
8 ΕΥΣΕΒΙΟΥ πρῶτοί εἰσιν οἱ τὴν..............ἀπηλλαγμένος μακάριος.
9 ΒΑΣΙΛΕΙΟΥ ΚΑΠΠΑΔΟΚΙΑΣ ἀλλὰ καὶ πρῶτον..........ἐξ ἑτέρου λαβών.
10 ΑΣΤΕΡΙΟΥ διδασκαλίας γὰρ ἡ....................τῆς καθέδρας μωσέως.
11 ΔΙΔΥΜΟΥ ἔστι δὲ ἁμαρτωλῶν.........tεύξεται τοῦ βραβείου.
12 ΕΥΣΕΒΙΟΥ ΚΑΙΣΑΡΕΙΑΣ καλῶς τὸ θέλημα.............λόγος τοῦ χριστοῦ.
13 ΩΡΙΓΕΝΟΥΣ μελετᾷ δὲ τὸν νόμον.................τοῦ νόμου μελέτη.
14 ΗΣΥΧΙΟΥ δεῖ γὰρ πρῶτον κατορθοῦσθαι..........ἐπιμένειν ἐγκλίνωμεν.

I **Psalm I** 1 anfang = ₵3. 𝔅1₅₄; Eus. 76C₂—D₄ var. 2 anfang = ₵6. 𝔅1₉; Bas. 216A₃—217B₆ var. 4 ₵8. 𝔅3₇ 5 ₵8 ΘΕΟΔΩΡΟΥ cf. aber ₵6; Theod. 868A₄—B₅ var. 6 anfang = 𝔅2₈; Theod. 865B₁₁—869A₁₉ 7 𝔅4₄₀; Bas. 220B₁₋₁₄ 8 ₵9. 𝔅3₄₁; Eus. 76D₄—77A₆ 9 ende = Bas. 225B₅ ? 10 ₵9. 𝔅4₂₂ ΑΘΑΝ' 11 ₵9 12 ₵10 ΘΕΟΔ'; Eus. 771A₉—B₆ var. 13 ₵10. 𝔅7₁₈ 14 ₵9. 𝔅4₁₃

15 ΑΘΑΝΑϹΙΟΥ διὰ τῆς καθέδρας.............διδασκαλία τῶν παρανόμων.
16 ΗϹΥΧΙΟΥ λοιμοὺς οἶμαι τοὺς...............κελεύει μὴ καθέζεϲθαι.
17 ΘΕΟΔ' προϲήκει δὲ οὐ μόνον................τὸν ἐντεῦθεν φυόμενον.
18 ΕΥϹ' νόμον δέ φηϲιν οὐ πάντωϲ................εὐαγγελικὸϲ λόγοϲ.

ZU PSALM XXII   ΨΑΛΜΟϹ ΚΒ
1 ΑΘΑΝΑϹΙΟΥ ᾄδεται ὁ προκείμενος................ὁ ποιμαίνων αὐτούς.
2 ΕΥϹΕΒΙΟΥ μετὰ τῶν τελείων.....................τὰ παρόντα φηϲίν.
3 ΔΙΔΥΜΟΥ καὶ ἄλλως δέ τις..............παρ' αὐτοῦ ποιμαινόμενοι.
4   τὴν νοητὴν πόαν φηϲίν.
5   ὕδωρ ἀναπαύϲεωϲ................τῶν ἁμαρτημάτων.
6   ἐκ θανάτου εἰϲ ζωήν.
7   ἐπέβη γὰρ αἴϲπερ............προϲηγορίαν ἐπιγραφόμενον.
8 ΘΕΟΔΩΡΗΤΟΥ ἡ καὶ ὅτι τούτων.............ἀγομένων προβάτων.
9   τὰ εὐαγγελικά φηϲι δόγματα.
10 ΩΡΙΓΕΝΟΥϹ ἐντεῦθεν πρὸς θεὸν........φῶϲ ἀνέτειλεν αὐτοῖϲ.
11 ΔΙΔΥΜΟΥ ϲυνόντος δέ τινι............ϲυνόντοϲ αὐτῷ τοῦ θεοῦ.
12 ΕΥϹΕΒΙΟΥ λέγοις δ' ἂν καὶ................ἢ ϲώματος λύϲιν.
13   αὐτὸν τὸν χριστόν..............ῥάβδοϲ μεγαλειότητοϲ.
14 ΩΡΙΓΕΝΟΥϹ ἀμφότερα ἐπὶ μαϲτίγων............υἱὸν ὃν παραδέχεται.
15 ΕΥϹΕΒΙΟΥ ϲημαίνει δὲ καὶ.............ϲτηρίζουϲαν ϲυμβουλήν.
16 ΔΙΔΥΜΟΥ τὴν μυϲτικὴν τράπεζάν φηϲιν.
17 ΩΡΙΓΕΝΟΥϹ καθ' ἑκάστην γάρ.............ἐν ταῖϲ θλίψεϲιν.
18   εἰ δέ τις τοῦ..............διδαϲκαλίαν τῆς ἀληθείας.
19   ἀλλὰ γὰρ ἴϲωϲ...............οἱ ἀντικείμενοι πολλοί.
20 ΘΕΟΔΩΡΗΤΟΥ εἴποιϲ δ' ἂν ῥάβδον.............ῥάβδων ϲυντίθεται.
21   καὶ τοῦτο τὸ χρίϲμα μυϲτικόν.
22 ΘΕΟΔΩΡΗΤΟΥ. ΕΥϹΕΒΙΟΥ ἴϲαϲιν οἱ μεμυημένοι......τούτοιϲ δουλεύοντες.
23 ΔΙΔΥΜΟΥ κεφαλὴ δὲ ὁ νοῦϲ..............πώγωνα τὸν ἁαρών.
24   πάλιν τὴν μυϲτικὴν εὐφροϲύνην.
25   ἐπεὶ μὴ μόνον.................ἀλλ' οὐκ ἀνθρώπινον.
26   οἱ γὰρ τῶν προλεχθέντων................τῷ οἴκῳ αὐτοῦ.
27   ἀναξίουϲ γὰρ ὄντας..................διὰ βίου χριστόν.

I 16 C9₄₄. B4₁₇ in beiden mit 14 verbunden. 17 B7₁₂; Theod. 869B₃₋₁₄ 18 C11. B7₂. Eus. 77A₁₂—B₆.
Psalm XXII 1 C418. B212₁₃; Athan. 140A 2 Eus. 216C₉—217C₁ ? 4 Athan. 140B₁ 5 Athan. 140B₃₋₄ 6 Athan. 140B₁₀ 7 C418—419₃. ΩΡΙΓ' 8 steht nicht bei Theod. 9 Athan. 140C₈ 10 B214₃₅ 11 B214₄₂ 12 B214₄₇; Eus. 217C₁₀₋₁₂ resp. D₆ 13 B214₅₆ ΕΥϹ' ΚΑΙ ΘΕΟΔ'; Athan. 140C₉₋₁₀ 14 B215₂ 15 B215₁₆ ΔΙΔ' ? 17 B215₁₉ 18 B215₂₇ ΔΙΔ' ΚΑΙ ΩΡΙΓ' mit 19 verbunden. 19 B214₂₂ 20 Theod. 1028B₅₋₈ ? 21 Athan. 140C₁₃ 22 C413 unten; Theod. 1028B₁₅—C₂ wo aber C₁₋₈ = Eus. 220A₁₋₁₁ ist 23 B215₄₅₋₄₇ 24 Athan. 140C₁₆ 25 B215₄₇₋₅₃ ΔΙΔ' als fortsetzung von 23. 26 Athan. 140D₂ 27 ende = B217₁₂ ΔΙΔ'.

28   εἰς τόπον μὲν χλόης.............. ....παντὸς φωτιζόμενος.
29 ΕΥϹΕΒΙΟΥ λέγοι δ' ἂν ὅτι................ὑφισταμένων ἀξιουμένῳ.
30   ὥςπερ δὲ χριστὸς.............καὶ μακροήμεροι γένωνται.

ZU PSALM CXV   ΨΑΛΜΟϹ ΡΙΕ
 1 ΕΥϹΕΒΙΟΥ ϲυνῆπται καὶ ταῦτα................ἐπίϲτευϲα διὸ ἐλάληϲα.
 2 ΔΙΔΥΜΟΥ ταύτης τῆς λέξεως.............ὁμολογεῖται εἰς ϲωτηρίαν.
 3 ΤΟΥ ΑΓΙΟΥ ΒΑϹΙΛΕΙΟΥ ἀρχὴ λόγου ἔμφρονος......φύϲεως ἀνθρωπότητα.
 4 ΩΡΙΓΕΝΟΥϹ ὅλου τοῦ ψαλμοῦ...............ἐν ὀφθαλμοῖς κυρίου.
 5 ΔΙΔΥΜΟΥ οὐ κατὰ ἀφαίρεϲιν.............ὑπὲρ ἑαυτὸν τεθεᾶϲθαι.
 6 ΕΥϹΕΒΙΟΥ ἐταπείνωϲα ἐμαυτὸν.............. ἐμαυτὸν ϲφόδρα.
 7 ΒΑϹΙΛΕΙΟΥ ΕΠ' ἔϲτι γὰρ παρὰ πολὺ.............ἐπὶ τῷ ψεύδεϲθαι.
 8 ΤΟΥ ΑΥΤΟΥ ψεύϲτης κατὰ προαίρεϲιν............ἐπὶ τῷ ψεύδεϲθαι.
 9 ΙѠ' ΕΠΙϹΚΟ' ΚѠΝϹΤΑΝΤ' τί ἐϲτιν ἐν τῇ ἐκϲτάϲει......κακῶν γενομένην.
10 ΚΑΙ ΜΕΤ ΟΛΙΓΑ ἐγὼ δὲ εἶπον ἐν.............ὀνείρατι· εἰκόνι τινί.
11 ΚΑΙ ΜΕΤ ΟΛΙΓΑ πανταχοῦ τῆς φύϲεως......διαπορεύεται ἄνθρωπος.
12 ΘΕΟΔѠΡΗΤΟΥ τὴν ἀνθρωπίνην............ἐν ἀληθείᾳ ϲτρέφεται.
13 ΔΙΔΥΜΟΥ οὐχ' ἑαυτῷ περιπίπτει.............ἐν ἑαυτῷ τὸν θεόν.
14 ΕΥϹΕΒΙΟΥ λογιϲμοὶ γὰρ ἀνθρώπων..........τοῦ θεοῦ ἐπαγγελίαις.
15 ΔΙΔΥΜΟΥ εἰς αἴϲθηϲιν ἐλθὼν.............τὴν ἐμαυτοῦ ζωήν.
16 ΙѠ ΕΠ' ΚѠΝϹΤ' κατὰ ἀναγωγὴν τοῦτο............κοινωνίαν φαμέν.
17 ΚΥΡΙΛΛΟΥ ϲωτηρίου γὰρ ὄντως........ἀληθείᾳ δεῖ προϲκυνεῖν.
18 ΔΙΔΥΜΟΥ τὸ ἐν τοῖς ἁγίωϲι..............τοῦ κόϲμου ϲωτηρίας.
19 ΤΟΥ ΑΥΤΟΥ μὴ ὀκνήϲητέ φηϲιν...........γενναίως αὐτὸ πιεῖν.
20 ϹΕΥΗΡΟΥ τοῖς γὰρ εὐϲεβέϲιν.............τῶν ὁϲίων αὐτοῦ.
21 ΤΟΥ ΑΥΤΟΥ ΑΠΟ ΛΟΓΟΥ Ε ἀντὶ τοῦ ἀληθῶς........τὸ ἐν ἰὼβ λεχθέν.
22 ΗϹΥΧΙΟΥ ΠΡΕ' θεωρεῖς ὅτι ποτήριον............τοῦ ἐν οὐρανοῖς.
23 ΗϹΥΧΙΟΥ ἀνθ' ὅτου δοῦλον.................μένη τὸ θέλημα.
24 ΒΑϹΙΛΕΙΟΥ οὐδέν φηϲι μέγα ποιῶ.............πᾶϲι τοῖς βουλομένοις.
25 ΕΥϹΕΒΙΟΥ υἱὸν παιδίϲκης φηϲίν..............διὰ τῆς ϲῆς χάριτος.
26 ΑΘΑΝΑϹΙΟΥ παιδίϲκης υἱὸν τῆς.............τῆς διὰ νόμου φηϲίν.
27 ΑΠΟΛΙΝΑΡΙΟΥ λύϲεως δεῖ τῶν ἐν............δεϲμοὺς ἀποφεύγοντες.
28 ΗϹΥΧΙΟΥ ΠΡΕ' οὕϲπερ ἡμεῖς ἑαυτοὺς.................περιεθήκαμεν.

I   28 𝔅217₁₂, ΔΙΔ'· 29 𝔅217₁₅; Eus. 220B₁₋₁₅ 30 𝔅217₂₄ ΩΡΙΓ'.
   Psalm CXV 1 Eus. 1360B₄₋₁₁ **2** ℭ327 ΧΡΥϹ' **3** ℭ327; Bas. 105ℭ₇—108A₄ **6** Eus.
1360C₂₋₁₅ **7** Bas. 108A₉—B₁₂, ? **8** Bas. 108B₁₀₋₁₇ ? **9** ℭ328 ΘΕΟΔ(Ω)ΡΟΥ; Chrys. 324₁₇—₁₆
10 ℭ328 ΧΡΥϹ'; Chrys. 324₃₁₋₄₄ **11** Chrys. 324₅₅—325₁₁ **12** ℭ328 ΑΝΩΝ'; Theod. 1801B₆₋₈
das nächste giebt die catene vielleicht dem sinne nach wieder **13** ℭ328 ΤΟΥ ΑΛΛΟΥ
14 Eus. 1360D₁₋₉ **15** C329 ΩΡΙΓ' ὡς μέγα οὖν ... vgl. Did. cat. XXXIX 1553D am ende.
16 ℭ329 ΑΘΑΝ'; Chrys. 325₃₅₋₂₇ citiert dies als meinung eines andern und setzt sein ἡμεῖς
δὲ dagegen. bei Athan. nicht zu finden. **17** ℭ329 ΗϹΥΧΙΟΥ **18** ℭ329 ΘΕΟΔ' **19** ℭ330
ΧΡΥϹ' steht nicht bei Chrys. **20 + 21** ℭ330 ΑΝΩΝ' **22** ℭ330 ΤΟΥ ΑΛΛΟΥ **25** Eus.
1361A₂₋₇ **27** Bas. 113B₁₂—C₆; verbunden mit 28 ℭ331 ΑΝΩΝ'.

29 ΒΑCΙΛΕΙΟΥ θύων δέ coι τὴν................τοῦτ' ἔστι τῆс ἐκκληcίαс.
30 ΕΥCΕΒΙΟΥ προκοπὴν cημαίνει τῷ................ἅс ποτε ἐποιηcάμην.
31 ΙΩ' ΕΠ' ΚΩ' τοῦτ' ἔcτιν εὐχαριcτήcω..............καὶ αἰνέcεωс θυcίᾳ.
32 ΑΘΑΝΑCΙΟΥ ὡс ἐν προκοπῇ γενόμενοс..........ἐπιτελεῖν ἐπαγγέλλεται.
33 ΗCΥΧΙΟΥ ἐπειδὴ γὰρ τὰс διὰ........ἐγγελᾷ μου λήψεcθε.
34 ΤΟΥ ΑΥΤΟΥ οἶκοс τοῦ θεοῦ................δωρεῖται τὴν ὅραcιν.
35 CΕΥΗΡΟΥ ἰερουcαλὴμ γὰρ ἐκκληcία..............τὴν ἐμὴν ἀφίημι ὑμῖν.

ZU PSALM CXVI   ΨΑΛΜΟC ΡΙϚ

1 ΙΩ' ΕΠ' ΚΩΝC' παντί που δῆλον..............φιλανθρωπίαс ἐcώθηcαν.
2 ΕΥCΕΒΙΟΥ ἀνακαλεῖται τοίνυν................τῶν ἐθνῶν οἰκουμένηс.
3 ΑΠΟΛΙΝΑΡΙΟΥ οὐκ ἦν ἐντελὴс..............μένει εἰс τὸν αἰῶνα.
4 ΤΟΥ ΑΥΤΟΥ cυνδιαιωνίζοντοс τῇ................ἕωс τοῦ αἰῶνοс.
5 ΙΩ' ΕΠ' ΚΩΝCΤΑΝΤ' ἰcχυρὸν γέγονε............δίδωcιν τὴν ἡμέραν.
6 ΗCΥΧΙΟΥ εἰ μὴ γὰρ ἰcχυρὸν..................οὐκ ἤμελλε cῴζεcθαι.
7 ΑΠΟΛΙΝΑΡΙΟΥ τὴν μὲν γὰρ cκιὰν......................εἰс τὸν αἰῶνα.
8 ΤΟΥ ΑΥΤΟΥ ΑΛΛΩC τῶν διὰ τῆс προφητείαс....προφητείαс κεκηρυγμένη.
9 ΙΩ' ΕΠ' ΚΩΝCΤΑΝΤ' τότε γὰρ μάλιcτα.......διὰ Ιηcοῦ χριcτοῦ ἐγένετο.
10 ΗCΥΧΙΟΥ ἐπειδὴ ἐλεήcαс οὐδὲ.............ἀπηλάcαμεν πράττονταс.

II

C Paris. nat. gr. 146. X. jahrhundert. enthält Psalter und Cantica. pergament 37,5 × 29 cm. text in der mitte, catene am rande. 64 zeilen. namen rot im texte, zuweilen auch am rande selten gesetzt. buchstaben über der zeile. (259 fol.)

D Paris. suppl. gr. 1157. X. jahrhundert. enthält Psalter von Ps. 35 an. pergament 38,5 × 29,6. text in der mitte, catene am rande. 65 zeilen. namen (äusserst selten) rot am rande. buchstaben regellos auf und unter den linien.

III

E Paris. nat. gr. 140. X. jahrhundert. enthält Psalter. pergament 35 × 24 cm. 59 zeilen. text in der mitte, commentar am rande. namen (sehr selten) am rande. alles mit schwarzer tinte. buchstaben über, zwischen und unter der linie. (166 fol.)

F Paris. nat. gr. 141. XI. jahrhundert. enthält Psalter. pergament 28 × 22 cm. 60 zeilen. text in der mitte, catene am rande. namen und stichworte rot. namen (nicht allzuselten) im text. (161 fol.)

G Paris. nat. gr. 163. XI. jahrhundert. enthält Psalter und Cantica. pergament 24,5 × 19 cm. 48 zeilen. text in der mitte, catene am rande. im commentar alles mit schwarzer tinte. namen im text. (248 fol.)

* die fragmente von III finden sich alle in II: diese citate sind in Ps. 115. 116 mit einem stern bezeichnet.

I **30** ℭ331; Eus. 1361A$_{11}$—B$_3$ **31** cf. Chrys. 327$_{21-25}$ **32** Athan. 473D; » **33** ℭ332.
   Psalm CXVI 1 ℭ335 ΕΥC'; Chrys. 327$_{51-59}$ **2** ℭ335 ωΡΙΓ'; Eus. 1361B$_3$—C$_{14}$ **3** ℭ336 ΑΝΩΝ' εἰπὼν ἐν τῷ πρὸ τούτου ... **4** ℭ336 ΗCΥΧ' **5** Chrys. 328$_{1-2}$ **7** ℭ336 ΕΥCΕΒ' **8** ℭ337 mit 9 verbunden ΑΝΩΝ' **9** Chrys. 383$_{3-5}$.

PROLOGE aus C
1 ΤΟΥ ΑΓΙΟΥ ΕΠΙΦΑΝΙΟΥ ΠΕΡΙ ΤΩΝ ō ΕΡΜΗΝΕΥΤΩΝ ΚΑΙ ΤΩΝ ΠΑΡΕΡ-
ΜΗΝΕΥCΑΝΤΩΝ
Πτολεμαῖος ὁ δεύτερος....................ἔνθεν καὶ ἔνθεν ἐλέγχοι.
2 ΑΙ ΕΚΔΟCΕΙC ΤΗC ΙΕΡΑC ΓΡΑΦΗC ΑΠΟ ΤΟΥ ΕΒΡΑΙΚΟΥ ΕΙC ΤΟ ΕΛΛΗ-
ΝΙΚΟΝ
Ἡ τῶν οβ´· οὗτοι ἑβραῖοι ὄντες...................καὶ cὺ ἐπιcτήcῃς.
3 ΕΙC ΤΑC ΕΠΙΓΡΑΦΑC ΤΩΝ ΨΑΛΜΩΝ ΕΡΜΗΝΕΙΑΙ ΤΙΝΩΝ ΚΑΤ ΕΠΙΤΟΜΗΝ
Ἑκατὸν πεντήκοντα τυγχάνουcιν................ἀντὶ δὲ αὐτοῦ τὸ ἀεί.
4 ΥΠΟΘΕCΙC ΕΥCΕΒΙΟΥ ΤΟΥ ΠΑΜΦΙΛΟΥ
Τῆς βίβλου τῶν ψαλμῶν....................δηλοῦcι τίνος εἰcίν.
5 ΥΠΟΘΕCΕΙC ΤΟΥ ΑΥΤΟΥ ΕΥCΕΒΙΟΥ ΕΙC ΤΟΥC ΨΑΛΜΟΥC
Προτροπὴ θεοcεβείας καὶ ἀποτροπὴ ... folgen die hypothesen zu den einzelnen Psalmen.
6 ΤΩΝ ΩΔΩΝ folgen die hypothesen.
7 Ἰcτέον ὡς ἡ καθόλου......................ἐπανελθόντων ἤδη.
8 Εἰcὶ καὶ ἄλλοι ψαλμοὶ διηγηματικοί..........θεράπευμα τοῖc ὀδυνωμένοιc.
9 Ἰcτέον δὲ ὡς τὸ προφητικόν................Ἰουδαίων τὴν ἀποβολήν.
10 Τὸ διάψαλμά ἐcτιν.....................ἡ μέλλουcα ὑπαλλαγή.
11 ΕΠΙΓΡΑΦΑΙ ΚΑΙ ΑΡΧΑΙ ΤΩΝ ΡΝ ΨΑΛΜΩΝ
Αἱ κατὰ τοὺς ō τῶν ψαλμῶν................ἐκδοχῇ cυμφωνοῦcιν.
12 ΑΝΕΠΙΓΡΑΦΟΙ folgt liste der namenlosen Pss.
13 ΤΩΝ ΩΔΩΝ folgt liste.
14 ΙΩCΗΠΟΥ ΕΚ ΤΟΥ ΥΠΟΜΝΗCΤΙΚΟΥ ΚΕ´ ΡΗΝ
Τίνα ἐcτὶ τὰ μνημονευόμενα................ἐπιγιγνώcκομεν εὑρίcκεcθαι.
15 ΕΥCΕΒΙΟΥ ΕΙC ΤΟΥC ΨΑΛΜΟΥC
Ὁ μὲν ψαλμὸς ἔοικεν......................ἐν τοῖc προφήταιc.
16 ΤΗC ΒΙΒΛΟΥ ΤΩΝ ΨΑΛΜΩΝ ΗΔΕ ΑΝ ΕΙΗ Η ΔΙΑΙΡΕCΙC ΩC ΤΑ ΑΚΡΙΒΗ
ΤΩΝ ΑΝΤΙΓΡΑΦΩΝ ΑΥΤΟ ΤΕ ΤΟ ΕΒΡΑΙΚΟΝ ΠΕΡΙΕΧΕΙ
Εἰcὶ τοίνυν οἱ μὲν....................πάντες οἱ ψαλμοὶ ρνα.

III. **Prol.** E hat nur Θεοδωρήτου ἐπιcκόπου Κύρου προθεωρία τῶν ψαλμῶν. ἐμοὶ μὲν πρὸ τῶν ἄλλων ... κατὰ μέρος ἑρμηνείας ἀψώμεθα. G hat 4-10. **2** ... ἀcφάλειαν διακεκριcμένῳ. **2ª** περὶ τῆς ε̄ καὶ ς̄ ἐκδόcεως ἄλλως· πέμπτη ἔκδοcις ἣν εὗρον ἐν νικοπόλει ... εἰc ρμη περιγράφει. **3. 3ª** cχο´ τοῦ β̄ ψαλμοῦ· εἰς τὸ διαρρήξωμεν τοὺς ... **3ᵇ** τοῦ ἁγίου Ἰουcτίνου φιλό´ καὶ μρ´ ἐκ τοῦ β̄ λόγου περὶ τοῦ ʽεἰ παθητὸc ὁ χ̄c̄ʼ. φανερὸν ὅτι οὐ περὶ ἐθνῶν ... μεταξὺ ῥηθήσεται. **3ᶜ** Ὠριγένους εἰc τὸ ʽὁ κύριοc ... folgen 9 Origenescitate ... ἄγγελοι ὅτι ἐτίκτετο. **3ᵈ** ἐκ τῶν κεφαλαίων τοῦ ἁγίου Μαξίμου ἑρμηνεία εἰς τὸ ἀποστολικὸν ῥητόν· νεκρώcατε οὖν τὰ μέλη ... ὁ θεῖοc ἀπόστολοc νεκρῶcαι. **3ᵉ** μέθοδος πῶς δεῖ εὐχερῶc εὑρίcκειν τὸ πάcχα· δεῖ ἐπιτηρεῖν τῷ ὀκτωβρίῳ ... ἀκριβῶc τοῦ ἁγίου πάcχα.

II **Prol.** mehrere texte nach Vaticani bei Pitra Anal. Sacr. II 411 ff. abgedruckt. **1** Epiph. XLIII 373—380 **2** cf. Athan. XXVIII 433 B **3** Eus. 66 A **4** Glj. Eus. 66 C **5** Eus. 68 A **15** Eus. 72 D—73 D **16** überschrift ᐱ Eus. 66 C₃₋₅.

17 ΟΠΩΣ ΑΝΑΧΘΕΙΣΗΣ ΤΗΣ ΚΙΒΩΤΟΥ ΕΙΣ ΙΕΡΟΥΣΑΛΗΜ ΣΥΝΕΣΤΗ ΤΟ ΨΑΛΤΗΡΙΟΝ
Ἀνάγκην ἔχομεν ἀγαπητοί..................θεῷ λέγοντες ἀλληλούϊα.
18 ΠΕΡΙ ΤΟΥ ΑΛΛΗΛΟΥΙΑ
Ὁ σημαίνει, ἐκ τῆς ἑβραίδος........... .....κύριος ἁμαρτίαν.
19 ΠΕΡΙ ΤΩΝ ΑΝΑΒΑΘΜΩΝ
Πάλιν ἑτέρα προγραφή.....................ἔθνη καὶ τὰ ἑξῆς.
20 ΤΟΥ ΕΝ ΑΓΙΟΙΣ ΠΑΤΡΟΣ ΗΜΩΝ ΑΘΑΝΑΣΙΟΥ ΑΡΧΙΕΠΙΣΚΟΠΟΥ ΑΛΕΞΑΝΔΡΕΙΑΣ ΠΡΟΣ ΜΑΡΚΕΛΛΙΝΟΝ ΠΡΟΟΙΜΙΟΝ ΕΙΣ ΤΗΝ ΕΡΜΗΝΕΙΑΝ ΤΩΝ ΨΑΛΜΩΝ
Ἄγαμαί σε τῆς ἐν χριστῷ..................λαλήσαντες ἄνδρες ἅγιοι.
21 ΤΟΥ ΑΓΙΟΥ ΓΡΗΓΟΡΙΟΥ ΝΥΣΣΗΣ ΟΤΙ ΑΝΑΚΟΛΟΥΘΟΣ ΤΗΙ ΖΩΗΙ ΤΟΥ ΔΑΔ Η ΤΩΝ ΨΑΛΜΩΝ ΑΚΟΛΟΥΘΙΑ
Ἀλλὰ καὶ τοῦτο ἄν τις εἰκότως................ἄλλον τρόπον νικᾷς.
22 ΣΥΛΛΟΓΑΙ ΑΠΟ ΒΙΒΛΙΟΥ ΔΙΕΦΘΟΡΟΤΟΣ ΥΠΟΒΡΥΧΙΟΥ ΓΕΓΟΝΟΤΟΣ ΤΟΥ ΕΝ ΑΓΙΟΙΣ ΠΑΤΡΟΣ ΗΜΩΝ ΓΡΗΓΟΡΙΟΥ ΝΥΣΣΗΣ· ΕΠΙΓΡΑΦΑΙ ΤΩΝ ΨΑΛΜΩΝ
Χρὴ τοίνυν τὸν μέλλοντα................αἴσθησιν γλυκαινόμενον.
23 ΤΟΥ ΑΓΙΟΥ ΓΡΗΓΟΡΙΟΥ ΕΠΙΣΚΟΠΟΥ ΝΥΣΣΗΣ ΕΚ ΤΗΣ ΕΡΜΗΝΕΙΑΣ ΤΩΝ ΕΠΙΓΡΑΦΩΝ ⟨ΤΩΝ⟩ ΨΑΛΜΩΝ
Καιρὸς ἂν εἴη κατανοῆσαι..................μετουσίας κατορθουμένην.
24 ΙΩΣΗΠΟΥ ΕΚ ΤΟΥ ΥΠΟΜΝΗΣΤΙΚΟΥ ΚΕ΄ P̄· ΤΙΝΑ ΕΣΤΙ ΤΩΙ ΔᾹΔ ΠΕΠΡΑΓΜΕΝΑ ΚΑΙ ΕΙΣ ΑΥΤΟΝ ΑΞΙΑ ΘΑΥΜΑΤΟΣ ΠΡΑΧΘΕΝΤΑ ΠΡΟΣ ΤΩΙ ΤΕΛΕΙ
Πᾶσαν αὐτοῦ συγγραφήν....................δοὺς τὴν βασιλείαν.
25 ΤΟΥ ΕΝ ΑΓΙΟΙΣ ΠΑΤΡΟΣ ΗΜΩΝ ΓΡΗΓΟΡΙΟΥ ΕΠΙΣΚΟΠΟΥ ΝΥΣΣΗΣ ΕΙΣ ΤΟ ΔΙΑΨΑΛΜΑ
Χρὴ δὲ μηδὲ τὸ διάψαλμα...................ὠνομάσθη διάψαλμα.
26 ΙΠΠΟΛΥΤΟΥ ΕΠΙΣΚΟΠΟΥ ΡΩΜΗΣ ΥΠΟΘΕΣΙΣ ΔΙΗΓΗΣΕΩΣ ΕΙΣ ΤΟΥΣ ΨΑΛΜΟΥΣ
Ἡ βίβλος τῶν ψαλμῶν.................τῆς πραγματείας διδάσκει.
27 ΘΕΟΔΩΡΗΤΟΥ ΕΚ ΤΗΣ ΕΡΜΗΝΕΙΑΣ ΤΟΥ ΨΑΛΤΗΡΙΟΥ ΕΙΣ ΤΑΣ ΥΠΟΘΕΣΕΙΣ ΕΝΟΣ ΕΚΑΣΤΟΥ ΤΩΝ P̄N̄ ΨΑΛΜΩΝ: ΥΠΟΘΕΣΙΣ ΤΟΥ ΠΡΩΤΟΥ ΨΑΛΜΟΥ
Τινὲς μὲν τὰς ὑποθέσεις folgen hypothesen zu den Pss.

CATENE ZU PSALM I aus C   ΨΑΛΜΟΣ Ā

1 ΥΠΟΘΕΣΙΣ οὗτος ὁ ψαλμός......................τὸ ἄνω ζητῶμεν.
2 ΑΛΛΩΣ [ΒΑΣΙΛ᾽ ΚΑΠΠΑ᾽ am rande] αἰνεῖτε τὸν ὄντα....τὸ κακὸν ἐπαινετός.

II **20** ⊄xxij. Ath. XXVII 12—45   **21** Greg. Nyss. 541C—548B$_{11}$ **22** Greg. Nyss. 436B$_9$ —437C$_{10}$ **23** Greg. Nyss. 445A—448B$_{15}$ **25** Greg. Nyss. 533D—536D$_1$ **26** Hipp. X 608B 𝔅ℭ p. 136   **27** Theod. 866C$_5$?
Psalm I 2 ende = I 2.

3 ΑΛΛⲰC ΤΟΥ ΑΥΤΟΥ μακαριστέον γὰρ............τῶν ἐκείνοις φίλων.
4 [ⲰΡΙΓ am rande] ἀλλὰ πῶς ἐν..................ἀθλητῶν ἐνεργήματα.
5 ΑΛΛⲰC [ΑCΤΕΡΙΟΥ am rande] ὡς μαθητὴς δὲ..........εἶπα θεοί ἐστε.
6 ΘΕΟΔⲰΡΗΤΟΥ καὶ ἐνταῦθα ῥᾴδιον............βασιλεία τῶν οὐρανῶν.
7   υἱὸς δὲ τοῦ δᾱδ..................ὁ μακάριος δᾱδ.
8 [ΑΛΛⲰC am rande] ἡ μὲν προφητεία.............τὰ χριστοῦ ἐβουλεύετο.
9 [ΕΥCΕΒΙΟΥ am rande] μακαριότητος μὲν κατὰ........κεῖται παρ' ἑβραίοις.
10 [ΒΑCΙΛ' am rande] τὸ μακάριος ὄνομα..............τούτων συνέδρια.
11 [ΑΘΑΝΑ' am rande] δυνατὸν δὲ βουλὴν.............τῶν ἰησοῦ προδοτῶν.
12 ΑCΤΕΡΙΟΥ.Β.[ΑΛΛⲰC am rande] διδασκαλίας γάρ ἡ...ἁμαρτωλοὶ καὶ λοιμοί.
13 [ΑΛΛⲰC am rande] ἁμαρτωλοὺς εἶναί φαμεν.............καὶ ἐγχρονίσαι.
14 [ΑΛΛⲰC am rande] τὸ δὲ ἴδιον.................ἀτάκτως περιπατοῦσιν.

CATENE ZU PSALM XXII aus C   ΨΑΛΜΟC ΚΒ̄
    ΔΙΔΑCΚΑΛΙΑ ΚΑΙ ΝΕΟΥ ΛΑΟΥ ΕΙCΑΓⲰΓΗ
1 τὴν αὐτὴν ἔχει τοῖς προερμηνευθεῖσιν............ἀπολαύσαντες βοῶσιν.
2 χλόην ἐνταῦθα τὴν........................προσφέρει τροφήν.
3 ἐν τῇ ἐκκλησίᾳ..............................ἀνθοῦσιν.
4 εἰς τούτων..................................αὕτη ἐστίν.
5 ὥσπερ τό................................θεωρίᾳ καὶ γνώσει.
6 τὸ τῆς παλιγγενεσίας..........................παρασκευάσας.
7 ἐκ θανάτου εἰς ζωήν.
8 ἐπέβη γὰρ αἵσπερ........................τῶν δικαίων ἕξις.
9 ΑΘΑΝΑCΙΟΥ ἐκ τῆς αἰχμαλωσίας...............ἐντολὰς αὐτοῦ.
10 εἰ ἔστιν τρίβος δικαιοσύνης..................τῶν οὐρανῶν.
11 ἅπαντα δὲ..................................πύλας.
12 ἐντεῦθεν πρὸς τὸν θεὸν................φῶς ἀνέτειλεν αὐτοῖς.
13 τοῦτ' ἔστιν εἰ καὶ θανάτου......................ἔργων.
14 οὐ ποιήσει μοι πᾶσα τιμωρία.................μένειν ταῦτα.
15 ἡ μὲν γὰρ..................................τρίβον.
16 ῥάβδον τὴν κρίσιν......................ἡ βακτηρία σου.
17 ΤΟΥ ΘΕΟΛΟΓΟΥ ῥάβδον τὸν μὲν..............ἐπιτρέφουσαν.
18 ΕΥCΕΒΙΟΥ ῥάβδος σημαίνει....................σύμβολον.
19 ⲰΡΙΓΕΝΟΥC ἀμφότερα ἐπὶ μαστίγων..............δέχεται.
20 ὁ υἱός σου................................ἐπέτρεψάν με.
21 ῥάβδος ἐστὶ.................................δύναμις.
22 δῆλα ταῦτα:............................τετυχήκασιν.

11   4 = I 3   5 = I 4 + 5.   ende = C 8₂₃   6 + 7 = I 6   9 = I 1   11 Ath. 60C₁₆—D₇
12 = I 10.
    Psalm XXII 1 Theod. 1025B₅—C₆   2 Theod. 1025C₁₃—D₂   5 cf. Orig. cat. 1260C₃
6 Theod. 1025D₂—1028A₄   7 = I 6   8 anfang = I 7   9 Ath 140B₄ ₁₀   10 Orig. cat. 1260C₇
12 = I 10; Orig. cat. 1260C₁₅   18 = I 15   19 = I 14   22 Theod. 1028B₁₃—C₉.

23 ΜΑΞΙΜΟΥ τὴν πρακτικὴν.................................τὴν αἰώνων ζωήν.
24 τῷ χρίςματι...τοῦ ἁγίου πνεύματος.
25 τὸ μυςτικόν...κιρνᾶται.
26 τοῦτ' ἔςτιν...θείου αἵματος λέγει.
27 πάλιν τὴν μυςτικήν..................................τοῦ χριςτοῦ λέγει.
28 καὶ τοῦτο χρίςμα μυςτικόν.
29 κεφαλὴ δὲ..τὸν ἀαρών.
30 ἐνίςω τοῦτο..ἐδωρήςατο.
31 εἰς τόπον...φωτιζόμενος.
32 τὴν ἐκκληςίαν..οἴκῳ τοῦ θεοῦ.

CATENE ZU PSALM CXV aus C = D   ΨΑΛΜΟΣ ΡΙΕ
*1 ΥΠΟΘΕϹΙϹ ὁ ἑβραῖος καὶ οἱ λοιποί..................ἀρχόμενοι λέγειν.
 2 ἐκ προσώπου τοῦ ἐζεκίου..............................τῆς ἀρρωστίας.
 3 αἰνοῦμεν θεὸν ζῶντα....................................τοῦ νέου λαοῦ.
 4 Α. ἐπίςτευςα ὅτι πέπονθεν.........................τοῦτο πᾶςιν κηρύςςω.
 5 πίςτις ἡγείςθω τῶν..................................καὶ ματαίως ληρήςει.
 6 τὸ πρότερον τὸ......................................τῆς ἁμαρτίας πάνυ.
 7 ὁ γὰρ λογιζόμενος...................................ἐγὼ δὲ ἐταπεινώθην.
*8 ἐλάληςε μὲν οὐδέπω..........................τῆς πίςτεως παιδευόμενος.
*9 ΑΝΕΠΙ' ἐπίστευςα ὅτι χώρα.............................αὐτὴ τῷ κυρίῳ.
10 ΒΑϹΙΛΕΙΟΥ ἀντὶ τοῦ πιστεύςας.....................ἀεὶ τὴν ἐπιτυχίαν.
11 ὅλου τοῦ ψαλμοῦ..............................ὁμολογεῖται εἰς ςωτηρίαν.
*12 ἐγὼ μὲν ἐκακώθην σφόδρα ἀλλ' οὐκ ἀπέγνων.
13 οὐ κατὰ ἀφαίρεςιν....................................ὑπὲρ αὐτὸν τεθεᾶςθαι.
14 ἐταπείνωςα ἐμαυτὸν καὶ.....................ἐταπείνωςα ἐμαυτὸν σφόδρα.
*15 τοῦτ' ἔςτιν ἐν τῇ..............................κακῶν γινομένων λέγει.
16 ἔςτι γὰρ παρὰ πολύ....................................ἐπὶ τὸ ψεύδεςθαι.
17 ἐγὼ δὲ εἶπον...ἢ εἰκόνι τινί.
18 οὐχ ἑαυτῷ περιπίπτει..............................ἑαυτῷ τὸν θεόν.
*19 ὥςπερ οὖν ἐπὶ......................................τὴν δόκηςιν ἐπιφέρεται
20 ἐν ἐκστάςει γενόμενος...........................ἄνθρωπος ψευδῆ ἐλάληςεν.
*21 ὁ δὲ ἀκύλας....................................διαρκὲς οὐδὲν ἔχουςαν.
22 Β. πολλοῖς καὶ διαφόροις........................εὐεργέτην ἀμείψομαι.
23 ἵνα παραλίπω τὸ...............................ὑπὲρ τῆς ςωτηρίας ἡμῶν.
*24 ὅτι θεωρῶν με...................................τοςαύτης ἠξίωςε δωρεᾶς.

III **Psalm CXV** 9 ΒΑϹΙΛΕΙΟΥ FG 15 ... γινομένων φηςίν EFG 21 nur hexaplarische notiz EFG 24 ὅτι τὸν ἄνθρωπον τὸν ... EFG

II 27 anfang = I 24 28 = I 21 29 = I 23 31 = I 28 32 ende = Athan. 140D$_4$? oder Eus. 220B$_6$?

Psalm CXV 1 Theod. 1801A$_{2-10}$ 8 Chrys. 323$_{2-11}$ 11 ende = I 2 12 Chrys. 324$_8$ 13 = I 5 14 = I 6 15 = I 9 16 = I 7 17 = I 10 18 = I 13 21 Theod. 1801B$_{1-5}$ 22 Theod. 1801C$_{7-9}$ 24 nach EFG = Chrys. 325$_{23-25}$

4*

25 εἰς αἴϲθηϲιν ἐλθών................................τὴν ἑαυτοῦ ζωήν.
*26 τοῦτο εὐχαρίϲτου γνώμηϲ..........................διδόναι νομίζειν.
*27 ϲπουδὰϲ ἐνταῦθα λέγει..............................αὐτὸν ἀνυμνήϲω.
*28 προϲήκει τοίνυν θαρραλέωϲ....................ποτήριον τοῦτο ἀπ' ἐμοῦ.
29 κατὰ ἀναγωγὴν τοῦτο........................τὴν κοινωνίαν φαμέν.
30 ϲωτηρίου γὰρ ὄντωϲ..............................δεῖ προϲκυνεῖν.
31 οὐδὲν οὖν αὐτῷ..............................τῆϲ χάριτοϲ αὐτοῦ.
32 Γ. τῶν μαρτύρων οἵτινεϲ......................θάνατον ὁ χριϲτόϲ.
33 ϲημαίνει τὴν ἐκκληϲίαν....................προανεφωνεῖτο δὲ ταῦτα.
34 τοῦτ' ἔϲτιν διψῶν ἐπὶ.........................τελείωϲιν ἔρχομαι.
*35 τὰϲ ἐπαγγελίαϲ φηϲὶ........................εὐχάϲ μου ἀποδώϲω.
*36 Δ. καὶ ποία αὕτη ἀκολουθία........................οἰκονομικῶϲ.
37 ἀντὶ τοῦ ἀληθῶϲ............................τὸ ἐν Ἰὼβ λεχθέν.
38 θεωρεῖϲ ὅτι τὸ...................................τοῦ ἐν οὐρανοῖϲ.
39 ἔνδοξοϲ ὁ θάνατοϲ...........................ἑαυτοὺϲ ὑπὲρ αὐτοῦ.
*40 Ε. οὐ τὴν κοινήν...............................μέγιϲτοϲ ϲτέφανοϲ.
*41 τοῦτ' ἔϲτιν ἄνωθεν........................μεγίϲτου τέθεικε κόϲμου.
42 υἱὸν παιδίϲκηϲ φηϲὶν..........................τῆϲ ϲῆϲ χάριτοϲ.
43 ἐὰν μὲν οὖν τὸν ἀξιάγαϲτον................προγόνων αὐχοῦντεϲ.
44 ὥϲτε οὐ προϲτρέϲει........................τὴν ἀρχαίαν δουλείαν.
45 ἐγὼ τοῖϲ ἴχνεϲι..............................τῆϲ ὑπακοῆϲ ϲου.
46 S. τῶν πολλῶν με καὶ διαφόρων ϲυμφορῶν ἠλευθέρωϲαϲ.
47 καὶ τίνεϲ οἱ δεϲμοὶ..............................ἕκαϲτοϲ ϲφίγγεται.
48 ὡϲ ἐν προκοπῇ γενόμενοϲ................ἐπιτελεῖν ἐπαγγέλλεται.
*49 οὐκ εἶπεν ἔλυϲαϲ ἀλλ' ἔρρηξαϲ δεϲμῷ τῆϲ ἀγάπηϲ.
*50 ἄνω μὲν ποτήριον..........................εὐχαριϲτήϲω ὑμνήϲω.
51 προκοπὴν ϲημαίνει...........................ἅϲ ποτε ἐποιήϲαμεν.
*52 τοῦτο δὲ ἐποίει...........................εὐχαριϲτίαϲ βουλόμενοϲ.
53 εὐχὰϲ τὰϲ ἐπαγγελίαϲ.......................οὐράνιοϲ Ἱερουϲαλήμ.
54 τοὺϲ καρποὺϲ τῆϲ...........................προϲενέγκω αὐτῷ.
55 οὗτοι οἱ ἀϲτεριϲμένοι..........................οὕτωϲ τάξαντοϲ.

ZU PSALM CXVI aus C = D   ΨΑΛΜΟϹ ΡΙϚ
*1 ΥΠΟΘΕϹΙϹ [ΗϹΥΧΙΟΥ am rande] ὕμνοϲ καὶ οὗτοϲ....τοῦ κακῶϲ πάϲχειν.
2 ἡ προκειμένη ἐπιγραφή..............................ἀλλὰ τὰ ἔθνη.

III 28 ΘΕΟΔΩΡΗΤΟΥ EFG.
   Psalm CXVI 1 ... τὸν εὐεργέτην EFG

II 25 = I 15 26 Chrys. 325₂₅₋₂₆ 28 Theod. 1804A₇₋₁₃ 29 = I 16 30 = I 17 35 Chrys. 325₁₈₋₂₃ ? 36 Chrys. 325₅₆₋326₃₀ 37 = I 27 38 = I 22 40 Chrys. 326₃₃₋₃₅ 41 Chrys. 326₃₅₋₄₀ 42 = I 25 43 Theod. 1804B₁₃₋C₆ 46 Theod. 1804C₁₃ 47 Ath. 473D₄₋₆ 48 = I 32 49 Chrys. 326₅₁ 50 Chrys. 327₁₉₋₂₂ 51 = I 30 52 Chrys. 327₂₆₋₂₉ 53 Ath. 473D₁₀—476A₃
    Psalm CXVI 1 nach EFG = Theod. 1805B₁₋₄ 2 Ath. 1167B₁₀

3 A. αἶνος θεϊκὸς δι' οὗ δοξάζουσιν οἱ ἄνθρωποι τὸν θεόν.
4 ὑμεῖς αἰνεῖτε τὸν .... καὶ ἡμῖν δέδωκε.
5 κατὰ τὸν αὐτὸν ἅπαντες .... πάντα τὰ ἔθνη.
*6 τοῦ χριστοῦ παρουσίας.
*7 τοῦτ' ἔστιν ἰσχυρὸν γέγονεν καὶ πέτρας στερρότερον.
8 συνδιαιωνίζοντος τῇ .... τὴν ἀλήθειαν αὐτοῦ.
9 τοσοῦτον ἐκραταίωσε .... ἵνα σώσῃ αὐτόν.
10 ἐλέῳ γὰρ μόνῳ .... ἐφ' ἡμᾶς πλουσίως.
11 καὶ ἡ πίστις αὐτοῦ διαμένει ἐν ἡμῖν.
*12 ἥν γὰρ διὰ τῶν προφητῶν ὑπέσχετο δέδωκε σωτηρίαν.
13 καὶ ἐρρύσατο τὴν ψυχὴν .... κλῆρον περιορίσασα.
14 αὐτὴν δὲ τὴν .... ἀλήθεια διὰ Ἰησοῦ χριστοῦ ἐγένετο.

IV

H Paris. nat. gr. 143. XII. jahrhundert. enthält Psalmen und Cantica. pergament 34 × 26 cm. 44 zeilen. text in der mitte, commentar am rande: namen fast nie genannt. (226 fol.)

PROLOGE

1 Ἡ τῶν ψαλμῶν βίβλος καινήν τινα διδασκαλίαν περιέχει... handelt über die autoren der Pss., die ἀνεπίγραφα, den namen Psalterium, die zahl 150, die überschriften, stufenlieder, mangel einer chronologischen ordnung, verschiedene termini technici u. s. w. .... τὰ λεγόμενα ἢ νοούμενα.
2 ΘΕΟΔ' ΕΠΙΣΚ' ΚΥΡ' ἐμοὶ μὲν πρὸ τῶν ἄλλων θείων .... κατὰ μέρος ἑρμηνείας ἁψώμεθα.

CATENE ZU PSALM CXV   ΨΑΛΜΟΣ ΡΙΕ

1 A. ἐκ προσώπου τοῦ Ἐζεκίου .... τῆς ἀρρωστίας.
2 τινὲς δὲ τοῦτον .... καὶ ταῦτα ἐφαρμόζοντες.
3 ΑΛΛΩΣ προηγεῖται τοῦ ἀληθῶς .... κατὰ θεὸν πίστεως.
4 ΑΛΛΩΣ ὅτε πιστεύσας ὑπερφυῆ .... ἄνθρωποι ἀποθνήσκετε.
5 B. οὐχ ἁπλῶς τοῦτο .... ἐπιφυῆναι αὐτοῖς ἁπλῶς.
6 Γ. ὁμολογήσω ἐπὶ πάντων καὶ .... δήμου παρόντος.
7 ΑΛΛΩΣ οἱ μὲν ἀνθρώποις .... ἐπικαλεῖσθαι τὸ ὄνομα.

ZU PSALM CXVI   ΨΑΛΜΟΣ ΡΙϚ

1 αἶνος καὶ οὗτος .... τὸν εὐεργέτην.
2 καὶ διὰ τούτων ἡ κλῆσις .... προφητῶν κεκηρυγμένης.

III 6 οὐ γὰρ ἕν καὶ δύο ... παρουσίας EFG.

II   4 Ath. 1167C₁₋₃ 6 nach EFG = Chrys. 327₃₄₋₅₆ 10 Theod. 1808C₂₋₉ 11 Ath. 1167C₉
12 Theod. 1808D₄₋₅ 14 ende = I 9.
IV   Prol. 1 vgl. Hippol. X 608B ℬℭ 136. 2 Theod. 857A—865B.
     Psalm CXV   1 = II 2 5 anfang = Theod. 1801C₉.
     Psalm CXVI 1 = II 1.

V

J Paris. coisl. gr. 10. X. jahrhundert. enthält den Psalter. am anfang und ende lückenhaft. pergament 38 × 27 cm. text und commentar hintereinander, text in unciale. 35 zeilen. namen (oft ausgelassen) am rande. (355 fol.)

CATENE ZU PSALM CXV   ΨΑΛΜΟC ΡΙΕ

1 πίστις ἐστὶ ψυχῆς αὐτεξουσίου λογικὴ συγκατάθεσις.
2 εἰρηκὼς ἐπίστευσα διὸ ἐλάλησα..............ταῖς μοναῖς.
3 ΔΙΔΥ' τὴν δὲ λέξιν ταύτην.............καθ' ἑαυτὸν θεωρίας.
4 γενόμενός φησιν ὑπὲρ..................ἐκπέσοιμι στάσεως.
5 καλῶς μοι δοκεῖ καὶ ὁ μέγας..........νοηθέντος παράστασιν.
6 ΘΕΟΔ' ὁ ἀκύλας οὕτως· ἐγώ.............ἐλπίδος διαμαρτάνει.
7 θαρρῶν δοῦλον ἑαυτόν..................τῆς διὰ νόμου φησίν.
8 ΘΕΟΔ' οἱ μὲν ἀνθρώποις................εἶναι πιστεύουσιν.
9 καὶ τί μέγα φησὶν.....................ἐκκλησίας τὸ μέσον.
10 καὶ τίνες οἱ δεσμοὶ..................ἕκαστος σφίγγεται.
11 εὐχὰς τὰς ἐπαγγελίας.............τὴν ἐπουράνιον ἱερουσαλήμ.

ZU PSALM CXVI   ΨΑΛΜΟC ΡΙϚ

1 ΕΥCΕ' τέως μὲν γὰρ ἔθνη................αὐτοῖς εἰς θεόν.
2 ΘΕΟΔ' ἐλαίῳ γὰρ μόνῳ................ἐκραταιώθη τὸ ἔλεος.
3 ἦν γὰρ διὰ τῶν ἁγίων..........τὸν εὐεργέτην ἀμείψασθε.

VI

K Paris. coisl. gr. 187. X. jahrhundert. enthält den Psalter von 17_{37} an. pergament 29 × 20,5 cm. text und commentar hintereinander: text in unciale, commentar in minuscel, schrift über der linie. 30 zeilen. namen fast nie genannt. (193 fol.)

CATENE ZU PSALM CXV   ΨΑΛΜΟC ΡΙΕ

1 εἰρηκὼς ἐπίστευσα..................ὡς αὐτοὶ χαρήσονται.
2 εἰρηκὼς φησιν ὡς εὐαρεστήσω.............ἐκπέσω στάσεως.
3 ἀλλά φησιν οὐκ ἔσται...............τιμίων ἔσται παρὰ θεῷ.
4 θαρρῶν δοῦλον ἑαυτόν....................τῆς διὰ νόμου.
5 καὶ τίνες οἱ δεσμοὶ.................ἕκαστος σφίγγεται.
6 ὡς ἐν προκοπῇ....................ἐπιτελεῖν ἐπαγγέλλεται.
7 εὐχὰς τὰς ἐπαγγελίας...............ἡ οὐράνιος ἱερουσαλήμ.

V **Psalm CXV 1** Orig. cat. $1576C_8$ **2** Ath. $473A_{2-9}$ **3** Ath. $473A_9-B_{13}$ **4** Ath. $473C_{7-8}$ **6** Theod. $1801B_{1-13}$ **7** Ath. $473D_{2-4}$ **8** Theod. $1804C_{7-12}$ **10** Ath. $473D_{4-6}$ cf. II 47. **11** Ath. $473D_{10}-176A_8$ cf. II 53.
Psalm CXVI 1 cf. Eus. $1361C_4$ **2** = II 10; Theod. $1808C_2-D_3$ **3** Ath. $476A_{10}-B_{10}$ = Theod. $1808D_4-1809A_{11}$. anfang = II 12.
VI **Psalm CXV 1** anfang = V 2 **2** anfang = V 4 **3** Ath. $473C_{10-14}$ **4** = V 7 **5** = V 10. II 47 **6** = II 48. I 32 **7** = V 11. II 53.

ZU PSALM CXVI   ΨΑΛΜΟC ΡΙϚ

1 καὶ διὰ τοῦ παρόντος ψαλμοῦ ἡ τῶν ἐθνῶν κλῆcιc cημαίνεται.

VII

L Paris. nat. gr. 166. XIV. jahrhundert. enthält Psalter bis 88. pergament 25 × 18 cm. text und commentar hintereinander. text rot, catene schwarz. 23 zeilen. namen (ziemlich häufig gesetzt) rot am rande. (218 fol.)

M Paris. coisl. gr. 12. XIV. jahrhundert. enthält Psalter von 7_9—72_{10}. bombycin 30 × 19. text und catene hintereinander: text erst schwarz auf gelbem grunde, dann ohne untergrund, schließlich mit roter tinte geschrieben. namen anfangs schwarz am rande, später rot im text. vorgebunden mehrere pergamentblätter (XII. jahrhundert) mit Psalmenprologomena: 1 und 2 nach Eusebius. 3. οὐκ ἔcτι τὸ ψαλτήριον δέcποτά μου βιβλίον· (327 fol.)

CATENE ZU PSALM XXII   ΨΑΛΜΟC ΚΒ

1 ᾄδεται ὁ προκείμενος................................ ποιμαίνων αὐτούς.
2 ΑΘΑΝ' μέγα ἐπὶ τῷ κυρίῳ......................... αὐτοῦ ποιμαινόμενοι.
3 ἐν ὡραιότητι πόας................................. νοητὴν πόαν φηcίν.
4 ὕδωρ ἀναπαύcεωc νοηθείη......................... τῶν ἁμαρτιῶν.
5 ἐκ θανάτου εἰc.................................... φηcὶ δόγματα.
6 αὐτὸν τὸν χριcτόν................................ ῥάβδοc μεγαλειότητοc.
7 ῥάβδοc ἡ παιδευτική............................. παρακλήcεωc ἀντίληψιc.
8 ΓΡΗΓ' ΘΕΟΛ' ἔχω καὶ τράπεζαν................. παθῶν ἐπανάcταcιc.
9 ΑΘΑΝ' καὶ τοῦτο τὸ χρίcμα τὸ μυcτικόν.
10 πάλιν τὴν μυcτικὴν cωφροcύνην φηcίν.
11 οἱ γὰρ τῶν προλεχθέντων......................... τῷ οἴκῳ αὐτοῦ.

VIII

N Paris. coisl. gr. 189. XV. jahrhundert. enthält Psalter bis 75. papier 28,7 × 21,5 cm. text und catene hintereinander. 24 zeilen. alles mit schwarzer tinte. namen am rande. (476 fol.)

CATENE ZU PSALM XXII   ΨΑΛΜΟC ΚΒ

1 ΘΕΟΔ' τὴν αὐτὴν ἔχων καὶ.................... ποιμαινομένοιc χαρίζεται.
2 ѠΡΙΓ' τέλειος ὁ κατ' εἰκόνα.................. ἐπὶ τρίβουc δικαιοcύνηc.
3 ΘΕΟΔѠΡΗΤΟΥ ἐπειδὴ ποιμένα τῶν........... ὁδὸν παραcκευάcαc ὁδεύει.
4 ѠΡΙΓ' ἐπέβη γὰρ ὥcπερ....................... δικαιοcύνηc καὶ ἀρετῆc.
5 ΘΕΟΔѠΡΗΤΟΥ τοιοῦτον ἔχων φηcὶν ἐπίκουρον..... ποδηγούμεθα τρίβων.
6 ѠΡΙΓ' μὴ ὁδηγοῦντος τοῦ...................... τὴν cτηρίζουcαν cυμβουλήν.
7 ΘΕΟΔѠΡΗΤΟΥ δῆλα ταῦτα τοῖc................. μεταβολῆc τετυχήκαcιν.
8 ѠΡΙΓ' τί βούλεται τό......................... τοῦ λαβόντος λέγεται.

VI   **Psalm CXVI   1** = V 2 cf. Theod. 1805 B_5 ff.
VII **Psalm XXII** ganz (außer 8) nach Athan. 140 A ff.
VIII **Psalm XXII 1** anf. = II 1. Theod. 1025 B_8—C_9 **3** Theod. 1025 C_{11}—1028 A_4 **5** Theod. 1028 A_7—B_5 **6** ende = I 15   **7** Theod. 1028 B_{15}—C_9 = II 22

9 ΘΕΟΔΩΡΗΤΟΥ τούτων δὲ πρόξενος.................πέρας οὐκ ἐχούςης.
10 ΩΡΙΓ΄ τίς ἐςτιν ὁ κατά...................Ζωοποιούμεθα τυγχανούςης.

IX

O Paris. nat. gr. 164. XI. jahrhundert (1070). enthält Psalter und Cantica. pergament 17,5 × 13,5 cm. text in der mitte, commentar am seitlichen rande. 23 zeilen. hat meist nur die hypothesen und hexaplarische notizen: die randnoten in unciale. namen golden am rande. prologe: 1. τί λέγων τις ἀρέςκειν δύναται τῷ κυρίῳ — d. h. mit einer anweisung, welche Psalmen man bei bestimmten gelegenheiten zu sprechen habe. beginnt ἐὰν θέλης μακαρίςαι τινά ... 2. fol. 5ʳ jamben τοῦ πνεύματος τὰ θεῖα τόξα καὶ μέλη ... ἡ προφητικὴ λύρα τῆς ἐκκληςίας. 3. κανὼν ἡμερινῶν ψαλμῶν. Zu Ps. CXV: ΘΕ΄ ὁ ἑβραῖος ... λέγειν. zu v. 2. hexapl. notiz. CXVI: ΘΕ΄ ὕμνος καὶ οὗτος. (199 fol.)

X

P Par. nat. gr. 171. XVI. jahrhundert. papier 21,7 × 15,7 cm, kleines heft in pergament gebunden. 1ᵗᵉ hand 20 zeilen, 2ᵗᵉ hand 24 zeilen. namen rot teils am rande, teils im text. enthält folgendes:

PROLOGE ZUM PSALTER

1 ΠΡΟΘΕΩΡΙΑ ΕΙC ΤΟΥC ΨΑΛΜΟΥC ΤΟΥ ΕΝ ΑΓ΄ ΠΡC ΗΜΩΝ ΙΩΑΝΝΟΥ ΑΡΧ΄ ΚΩ΄ ΤΟΥ ΧΡ΄ ΥΠΟΜΝΗΜΑ ΕΙC ΤΟΥC ΨΑΛΜΟΥC
πᾶσαι μὲν ἅγιαι αἱ θεῖαι γραφαί......καὶ ἡμᾶς ἐπιτυχεῖν χάριτι καὶ φιλανθρωπίᾳ τοῦ κυρίου καὶ θεοῦ καὶ cωτῆρος ἡμῶν ἰηcοῦ χριcτοῦ ᾧ ἡ δόξα εἰς τοὺς αἰῶνας τῶν αἰώνων ἀμήν.

2 ΥΠΟΘΕCΙC ΕΥCΕΒΙΟΥ ΕΙC ΤΟ ΔΙΑΨΑΛΜΑ
πολλάκις ζητήσας τὴν αἰτίαν.................τῷ ψάλλοντι τὸ ἀλληλούια.

3 CΤΙΧΟΙ ἄκουε δὰδ τοῦ παρ᾽ ἡμῖν ὀρφέως......καὶ φεῦγε πιστὲ τῆς ψυχῆς
τὴν ἀγχόνην.

4 ΑΠΟΦΘΕΓΜΑ ΓΡΗΓΟΡΙΟΥ ΤΟΥ ΘΕΟΛΟΓΟΥ
τίς βίος ἢ ποία ζωή.................cυγχέουcιν ὥcπερ ὁ ἀcάναξ [?].

5 ΤΙΝΕC ΑΡΕΤΑΙ ΨΥΧΗC ΚΑΙ ΤΙΝΕC CΩΜΑΤΟC· ΜΑΞΙΜΟΥ ΜΟΝΑΧΟΥ
ἀρεταὶ ψυχῆς εἰσὶν αὗται........................καὶ τὸ ἀπερίcπαcτον.

6 ΦΙΛΩΝΟC ΜΟΝΑΧΟΥ εἶδον κάλλος γυναικός...........διάνοιαν καρδίας.

7 ΒΙΒΛΟC ΨΑΛΜΩΝ ΗΤΟΙ ΨΑΛΤΗΡΙΟΝ
ψαλτήριον κυρίως ὀργάνου εἶδος........................καὶ ἀμέθεκτα.

8 ὁ μὲν οὖν θεόληπτος βασιλεύς.................ἑλληνικὸν ἐξακριβαςμόν.

9 ὁ πρῶτος ψαλμὸς ἠθικός........ἀνέστη γὰρ καὶ ζῆ εἰς τοὺς αἰῶνας· ἀμήν.

es folgen leere blätter: fol 25ʳ geht eine andere hand weiter

1 ἔκδοcιc ἡ μὲν ἐπὶ ματ.................τὸ ψαλτήριον καὶ τὰ ἑξῆς.
2 ΑΘΑΝΑCΙΟΥ ἔcτι τοίνυν τό.................τὸν φθόγγον ἐργάζεται.
3 ΒΑCΙΛΕΙΟΥ πολλῶν δὲ ὄντων.................εἰς τὰ ἄνω πορείαν.

VIII 9 Theod. 1028 C₁₃—1029 A₃.
X Prol. zu 1—9 vgl. Pitra anal. sacr. II 411 ff. nr. 1—13 des von zweiter hand geschriebenen nach einer Gothaer hs. bei Migne CV 1061 D—1073 C = LXIX 701 A₃—715.

4   ΑΘΑΝΑCΙΟΥ τὸ δὲ ψαλτήριον δεκάχορδον .... παραδραμεῖν ἀθεώρητον.
5   ΓΡΗΓ' ΝΥCC' τιcὶ μὲν μεταβολὴν .... ἐπηχήcεωc τοῦ ὀργάνου.
6   ΒΑCΙΛΕΙΟΥ ὥcτε ἐπειδὴ .... ψιλῆc καὶ θεολογίαc.
7   καὶ οὕτω μὲν ὁ μέγαc βαcιλεῖοc· ὁ δὲ ἀδελφὸc αὐτοῦ γρηγόριοc·
8   ΓΡΗΓ' ΝΥCC' ψαλμὸν μὲν νοεῖ .... ἀληθείᾳ τοῦ δᾱδ.
9   ΧΡΥC' μετ' ᾠδῆc δὲ αὕτη .... ἀναγνώcεωc πόνον.
10 ΒΑCΙΛ' ἐπειδὴ γὰρ εἶπον .... ψυχαῖc ἡμῶν ἐνιζάνει.
11 ΓΡΗΓ' ΝΥCC' ἡ μὲν οὖν πρόχειροc .... τὴν διάνοιαν.
12   τὴν δὲ τῶν ψαλμῶν .... αἰνεcάτω τὸν κύριον.
13 ΓΡΗΓ' ΝΥ' τίc δὲ ἡ ἐν τούτοιc .... δαιτυμόcιν ἡτοιμάcατο.

    es beginnt CATENE ZU PSALM I   ΨΑΛΜΟC ΤΩ ΔᾹΔ ΠΡΩΤΟC
1   ἀνεπίγραφοc καὶ ὁ .... ἀρχὴν τῶν ψαλμῶν.
2   ΒΑCΙΛ' οἰκοδόμοι μὲν μεγέθη .... ἀγαθῶν ἐπειγώμεθα.
3   ἐcτὶ μὲν τὸ κυρίωc .... ἕκαcτον γίνεται.
4   ΒΑC' τὸ ἐν ἀνθρώποιc .... ἀρετὴν τελειότητοc.
5   ΒΑC' ἐπειδὴ δὲ ἀcέβεια .... ἐν βουλῇ ἀcεβῶν.
6   ΒΑC' ὁδὸc ὁ βίοc .... γεννηθέντων ἔπειcιν.
7   ΒΑC' καθέδραν λέγει .... κακίαc διατριβήν.
8   ΒΑC' διὰ τοῦτο ὁ θεῖοc .... μόναc μακαρίζεται.
9   ΚΛΗΜΤ' ΚΑΙ ΘΕ' τῶν μὲν πόνων .... τῶν πόνων βαρύτητα.
10 ΚΟCΜΑ ΙΝΔΙΚΟΠΛΕΥCΤΟΥ ΤΟΥ Α ΛΟΓΟC ΕΙC ΤΟΝ ΨΑΛΜΟΝ.
         μετὰ τὸν μωcέα καὶ .... πνc ἁγίου ψαλμοὺc ρν.
11   εἰcὶν οἱ λεγόμενοι ἐν προcευχῇ ψαλμοὶ οὗτοι·
         εἰc τὸν λογιcμὸν τῆc .... πολέμουc καὶ ἐπηρείαc.

CATENEN ZU DEN SALOMONISCHEN SCHRIFTEN

A Paris. nat. gr. 151. XIII. jahrhundert. enthält 1. Prov. Eccl. Cant. I: text in der mitte, catene am rande 2. Iob I: text (nur in stichworten) und catene hintereinander. pergament 31,2 × 21,3 cm. im Iob 1 columne. 36 zeilen. namen rot bei 1 am rande, bei 2 im text. (297 fol.)

B Paris. nat. gr. 153. XI/XII. jahrhundert. enthält Cant. II Prov. II Eccl.-Olymp. und 2 reden des Niketas. pergament 35,5 × 25 cm. text und catene hintereinander, namen schwarz am rande. (189 fol.)

C Paris. nat. gr. 154. XII. jahrhundert. enthält Cant. II Prov. II Eccl. I. bombycin 27 × 17 cm text und catene hintereinander. namen fehlen in Prov. stets. in Cant. schwarz am rande (281 fol.)

D Paris. nat. gr. 152. XIII. jahrhundert. enthält Prov. Eccl. Cant. III. pergament 24,5 × 22 cm. text und commentar hintereinander. grofs geschrieben: 26 zeilen. goldene initialen. namen fehlen. (320 fol.)

E Paris. nat. gr. 172 XVI. jahrhundert. enthält Cant. II Prov. II Eccl. I. Sap. Sal. papier 21 × 15 cm. text und commentar hintereinander. 22 zeilen. namen rot am rande (284 fol.)

F Paris. coisl. gr. 15. XVI. jahrhundert. enthält Prov. I. papier 30,5 × 20,5 cm. text und catene hintereinander. 30 zeilen. namen rot teils im text, teils am rande (94 fol.).

⚑ Catena Graecorum Patrum in Proverbia Salomonis R. P. Theodoro Peltano Soc. Jesu Theologo interprete. In Ecclesiasten B Gregorii Thaumaturgi Metaphrasis Graecolatina. In Canticum Canticorum Paraphrasis Michaelis Pselli. Scholiis And. Schotti Soc. eiusdem illustratae. Antverpiae. Apud Gasparem Bellerum, sub Aquila aurea. CIƆ. IƆC. XIV. 8°.

⚐ Eusebii, Polychronii, Pselli, in Canticum Canticorum Expositiones Graecè. Ioannes Meursius Primus nunc è tenebris eruit, publicavit. Lugduni Batavorum, Ex Officina Elzeviriana. Typis Godefridi Basson. Anno CIƆ. IƆ. C. XVII. kl. 4°.

Proc. Gaz. comm. in Prov. Cant. LXXXVII. Greg. Nyss. homil. in Cant. XLVI.

I

PROLOGE AUS A

1 ΥΠΟΘΕCΙC ΕΙC ΤΑC ΠΑΡΟΙΜΙΑC παροιμίαι coλομῶντοc τὸ....παιδείαν καὶ ὅτι ἀρχὴ cοφίαc φόβοc θεοῦ.
2 Capitelliste der Proverbien. Ā περὶ τοῦ ἀκούειν νόμον..........ΡΛΒ περὶ γυναικὸc ἀνδρείαc......ἔπαινοc αὐτῆc μακρόc.
3 Schlussnotiz. ταῦτα δὲ ἀνάγεται καὶ εἰc τὴν ἐκκληcίαν....πραγμάτων φύcιν ἐντεῦθεν ἀναμανθάνων.
   [von jüngerer hand] ἔχει τὸ βιβλίον τῶν παροιμιῶν cτιχ' αψν.
4 ΕΚΚΛΗCΙΑCΤΗC ἐκκληcιαcτὴc καλεῖται τὸ βιβλίον.........ἑκάcτου ἡ κρίcιc γίνεται.ἡ μὲν οὖν περιοχὴ τοῦ βιβλίου τούτου ἔχει τὸν τρόπον.ἡ δὲ ἀνακεφαλαίωcίc ἐcτιν ἐν τούτοιc: — Ἐν προοιμίοιc μέν.
5 Capitelliste des Eccles. Ā περὶ τῶν ῥημάτων αὐτοῦ.......ΝΖ παραγγελία περὶ τοῦ ποιεῖν βιβλία πολλά....ἔχει δὲ τὸ βιβλίον cτιχ' ψη.
6 ΑCΜΑΤΑ ΑCΜΑΤѠΝ ἄcματα ἀcμάτων καλεῖται τὸ βιβλίον....τὰ ὅμοια τοῖc ὁμοίοιc cυνάπτειν κατὰ τὸν νοῦν.
7 Capitelliste des Cantic. eingeleitet durch ἡ μὲν οὖν περιοχὴ (cf. 4 ende).... Ā ἐν προοιμίοιc μὲν φωνὴ τῆc ἐκκληcίαc..........
   ΞS ἐν οἷc καὶ ἡ πᾶcα δύναμιc....μυcτικῶc ἐχρήcατο. ἔχει δὲ τὸ βιβλίον cτιχ' cπc.
8 CΟΦΙΑ CΟΛΟΜѠΝΤΟC cοφία cολομῶντοc καλεῖται τὸ βιβλίον.....ἐνώπιον τῶν ἐχθρῶν αὐτῶν παρὰ τοῦ θεοῦ.
9 Capitelliste der Sap. eingeleitet durch ἡ μὲν οὖν περιοχὴ....Ā ἐν προοιμίοιc μὲν πρωτροπὴ δικαίου....ΜΓ ὅτι τὰ cτοιχεῖα....
   ....τῆc λεγομένηc παναρέτου.

CATENE ZU DEN PROVERBIEN

Anfang aus A

1 ΟΛΥΜΠΙΟΔѠΡΟΥ αἱ παροιμίαι περιέχουcιν..........ὁδὸν χρηcιμεύοντεc.
2 ΧΡΥCΟCΤΟΜΟΥ ἰcτέον ὅτι τρεῖc εἰcι τοῦ.............περιέχον οἰκείωcιν.

---

1 Prol. zu den hypothesen vgl. Athan. Synops. XXVIII 340. 348. 349. 373.
Anfang: 1 > ⚑ 2 ⚑5,9-19 cf. II 1.

3 ΒΑΣΙΛΕΙΟΥ τὸ τῶν παροιμιῶν ὄνομα . . . . ἐντραχεςτέροις παραδηλοῦντες.
4 ΔΙΔΥΜΟΥ παροιμίαι τοίγυν εἰςὶν . . . . καὶ ψήφῳ θεοῦ.
5 ΩΡΙΓΕΝΟΥΣ υἱὸς δὲ δαδ καὶ ὁ ςωτήρ . . . . τὰ ἔργα τοῦ ἀβραάμ.
6   παροιμία. ἐν ἀρχῇ γὰρ ἔτι . . . . καμάτου ἐπικουφίζεςθαι.
7 ΕΥΑΓΡΙΟΥ παροιμία ἐςτὶ λόγος . . . . τὴν εὕρηςιν ςχήςει.
8 ΠΟΛΥΧΡΟΝΙΟΥ εἰπὼν τί μὲν αὐτός . . . . παράςχει τὸ ἀξιόπιςτον.
9 ΒΑΣΙΛΕΙΟΥ οὐδὲ τοῦτο ἀργὸν . . . . ἀποκρύπτουςα θεωρίαν.
10 ΟΛΥΜΠΙΟΔΩΡΟΥ ἀντεςτραμμένῳ εἶπε . . . . κρίςεως καὶ προνοίας λόγοι.

ZU CAP. XVII 1—14

1   τοῦ ἄνωθεν ἄρτου ἡ μερικὴ . . . . . . πρὸς δικαιοςύνην ἐνάγει.
2 ΠΟΛΥΧΡΟΝΙΟΥ δοῦλος ὁ ἐξ ἐθνῶν . . . . καὶ χαρίτων ἐγένετο.
3   ἐν δὲ ἀδελφοῖς διελεῖται . . . . οὐχ ὡς δεςπότης μόνον.
4 ΤΟΥ ΧΡ'. ΑΛΛΩΣ κατὰ ἀναλογίαν τῆς . . . . ςτερεωτέρα τροφή.
5 ΠΟΛΥΧΡ' δι' ἀρετῆς ἀνάδειξιν . . . . ἀκηλιδώτους καρδίας ἐκλέγεςθαι.
6 ΔΙΔΥΜΟΥ οὐκ ἄρα τὸ φθέγξαςθαι . . . . τὸ ἑκούςιον δείκνυςιν.
7   ὡς εἰς τὴν τοῦ θεοῦ ςοφὴν διοίκηςιν ἐξαμαρτάνων.
8   ἄρα καὶ αὐτὸς ὑπεύθυνός ἐςτι τιμωρίᾳ καίτοι ἀπόλλυται.
9 ΤΟΥ ΧΡ' τίνος ἔνεκεν ὅτι ὁ θεὸς . . . . δέῃ τότε γελᾶν.
10   τῶν ςυνετῶν διδαςκάλων.
11 ΑΛΛΩΣ πάλιν τὰ φυςικὰ . . . . τῶν πατέρων τοῦτο.
12   πᾶςιν ἡ γνῶςις . . . . καταφρονήςας πάντων δεςπόζει.
13 ΔΙΔΥΜΟΥ ὁ πιςτὸς μὴ ςπεύδων . . . . δι' ἀκαθαρςίαν ψυχῆς.
14 ΠΟΛΥΧΡ' ἕκαςτος γὰρ ἄξια . . . . φθέγγεται διανοημάτων.
15   τέλος ἀρετῶν ἡ ἠθικὴ . . . . ἐκεῖ ἡ εὐοδία.
16   ἡ ἠθικὴ παίδευςις . . . . τούτων ἔςχε κατόρθωςιν.
17 ΤΟΥ ΧΡ' ὁ διὰ τῶν ἀρετῶν . . . . ὥςπερ ἐπὶ τοῦ θεοῦ.
18 ΑΛΛΩΣ διὰ μὲν οὖν δικαιοςύνην . . . . γνῶςιν ςημαίνει.
19   ὁ φρόνιμος ὑπὸ μόνης . . . . ἐπιμένει τῇ κακίᾳ.
20   τὰ ἐκ τῆς δίκης κακά.
21   ἕξει διηνεκῆ τὰ . . . . μᾶλλον ὁ ἀντὶ ἀγαθῶν.

I **Prov. XVII** text nach A. F hat **1. 2 + 3** ὁ ἐξ ἐθνῶν . . . οὐχ ὡς δεςπότης. **4** μόνον κατὰ ἀναλογίαν . . . τροφὴ κεράννυςιν **5** . . . ἰὼβ ἐδοκιμάςθη **6** . . . ἑκούςιον αὐτῶν δείκνυςιν **7** παροξύνει φηςὶν . . . **8. 9. 12** πᾶςα ἡ γνῶςις . . . **13. 10 + 11** (?) τῶν ςυνετῶν . . . ἐκκληςίας τρόφιμοι **14—16** als éin stück. **17. 18.** |**19.** [**20** >] **21** . . . ἀγαθῶν τἀναντία ἐπιφέρων

I **3** $\mathfrak{P}5_{21}$ cf. II 3 **4** cf. $\mathfrak{P}7_{12}-8_{52}$ ΙΠΠΟΛ' **5** $\mathfrak{P}9_{1-13}$ cf. II 4 **6** > $\mathfrak{P}$ **7** $\mathfrak{P}6_{24}-7_{11}$ ΔΙΔΥΜ' **8** cf. $\mathfrak{P}9_{13}$ ff. ΟΛΥΜΠ'? **9** > $\mathfrak{P}$ **10** > $\mathfrak{P}$.
Prov. XVII 1 $\mathfrak{P}242_{7-12}$ ΠΟΛΥΧΡ' cf. II 1 **2** $\mathfrak{P}242_{20.27}$ ΧΡΥΣ' ΑΛΛ' zwei fragmente, vorher ΠΟΛΥΧΡ' mit ähnlichem anfang cf. II 2 **3** anfang = $\mathfrak{P}243$, **4** $\mathfrak{P}243_{8-11}$ **5** name > $\mathfrak{P}243_{15-20}$ **6** name > $\mathfrak{P}243_{22-13}$ **7** $\mathfrak{P}244_{25.30}$ **8** $\mathfrak{P}244_{27-33}$ **9** > $\mathfrak{P}$ **10** $\mathfrak{P}245_{10}$ **11** > $\mathfrak{P}$ **12** $\mathfrak{P}244_{4-7}$ **13** $\mathfrak{P}244_{11-17}$ cf. II 7 **12** und **13** zwischen 6 und 7 $\mathfrak{P}$ **14** $\mathfrak{P}245_{20-31}$ **15** $\mathfrak{P}245_{21-25}$ **16** $\mathfrak{P}245_{26-30}$ cf. II 12 **17** $\mathfrak{P}246_{1-15}$ **18** $\mathfrak{P}246_{16-21}$ **19** $\mathfrak{P}246_{30}-247_3$ cf. II 14 **20** > $\mathfrak{P}$ **21** $\mathfrak{P}247_{10-15}$ cf. II 16

22   ὁ γὰρ δίκαιος................................ἀρχὴ ἡ δικαιοσύνη.
23 ΠΟΛΥΧΡ' τῆς ἐνδείας τῶν λόγων................τὸ δίκαιον ἀντίστασις.
24 ΤΟΥ ΧΡ' τίνος ἕνεκεν πάλιν............φροντίζειν δίκαιος ἔσο ⟨μαι?⟩.

  Ende der catene: ...ἢ ἐλπίζειν ἐπάρχουσιν.

CATENE ZU ECCLESIASTES

  Anfang: ὁ ἐκκλησιαστὴς φυσιολογίας ἁπτόμενος ἀποκαλύπτει τοῦ παρόντος βίου τὸ μάταιον..

ZU CAP. II 1—16

1   τοῦτο δὲ οὐκ ἀκμὴ......................τῇ μαθήσει τὸν πόνον.
2   ἐλογισάμην ἐκδοῦναι..................τοιαῦτα πάντα μάταια.
3   γέλωτα εἰκῇ φερόμενον......................ἐπιτιμήσας αὐτῇ.
4   λογισάμενος ὅτι ψυχὴν..............καταλέγει ὅσα ἐποίησεν.
5 ΑΛΛΩΣ τοῦτ' ἔστιν ὅπως ἐπικρατέστερος..........χείρονος τῷ βελτίονι.
6   ὑποπτεύων τῆς ἡδονῆς................τῆς ψυχῆς ταμιεῖον.
7   τὸ ἐμοὶ κατὰ τὴν γνῶσιν..................τῆς πίστεως ἔργον.
8   ὑπερβατῶς εἴρηται· ἔστι δὲ................τοῦ δρυμοῦ βλαστῶν.
9   τὸν σκοπὸν ἐξεκάλυψε...................τὰ τῆς σοφίας ἐστάθη.
10   καὶ πᾶν ὃ ᾔτισαν οἱ ὀφθαλμοί.
11 ΤΟΥ ΧΡ' οὐ λόγῳ αἰτεῖ γνῶσιν......................αἵματι καὶ σαρκί.
12 ΠΟΛΥΧΡ' ἡ ὄψις τῇ ἐπιθυμίας........................τὴν κτῆσιν λέγων.
13 ΠΟΛΥΧΡ' ὁ μηδὲν ἁμαρτάνων..............πνευματικῆς εὐφροσύνης.
14   οὕτω μου αἱ ἐνθυμήσεις.....................καὶ διαπράττεσθαι.
15   ἀνανήψας οὖν ποτὲ..............................ὀρθῷ λογισμῷ.
16 ΓΡΗΓ' ΝΥΣ' ἐκεῖνο τὸ ἀγαθὸν....................τὸ τῆς πίστεως ἔργον.
17   ὅτι ἓν τέλος τῶν.......................τὴν ἡδονὴν ἐνεργείας.
18 ΔΙΔΥΜ' συλλογισάμενος οὖν..........................ἡμέρας πρὸς νύκτα.
19   καταδραμὼν τῷ λόγῳ..................τῆς ἁμαρτίας δέχονται.
20   εἰ παντὸς ἀνδρὸς.........................βλέπει οὐ ὁ χριστός.
21   εἰ τὰ συναντήματα..........................ἀφρόνως οὐκέτι.

  Ende der catene.....πᾶς ἄνθρωπος ὀφείλει εἶναι τέλειος ἀνελλιπής.
  Unter dem text steht in roter unciale: ἐν τῷ ἐκκλησιαστῇ τελείαν ὡς ἂν μεγάλοις καὶ τελείοις παρατίθησι τὴν διδασκαλίαν.

---

1 **22. 23** ΑΛΛΩΣ... ἀντίστασις καὶ μάχη ἡ πρὸς τὸ δίκαιον. [**24** >]. alle namen fehlen an dieser stelle.
  Eccl. 11 hss. ACE. text nach A. C ist auszug, der mit 2. 3. 4. 14. 15. 18 beginnt. E hat 3. 4. 9 πληθυνθεὶς τῶν ἡδονῶν τ. τ. ς. ἐστάθη μοι. 14. 15. 18. 20 οὐ σοφοῦ ... 21.

1 **22** ₽247₁₉ ff.? **23** ₽247₂₂ **24** ₽248₉ ff.?

CATENE ZUM CANTICUM aus A

Auf dem sonst leeren fol. 100ʳ steht in roter unciale:

τὰ πρόcωπα τοῦ βιβλίου τοῦ ἄcματοc· νύμφιοc, ὁ κύριοc ἡμῶν· νύμφη, ἡ ἐκκληcία· φίλοι τοῦ νυμφίου, ἄγγελοι καὶ ἅγιοι· νεανίδεc, αἱ τῆc ἐκκληcίαc ἀκόλουθοι. Τὸ ἆcμα τῶν ἀcμάτων τρόπον ὑποδείκνυcι τῆc τῶν ψυχῶν τελειότητοc ἐν cχήματι νυμφίου καὶ νύμφηc πρὸc τὸν θεὸν λόγον τῆc ψυχῆc περιέχει οἰκείωcιν.

Beginn der catene: ΤΟΥ ΑΓΙΟΥ ΒΑCΙΛΕΙΟΥ ἆcμα ἀcμάτων καλεῖται ἐπειδὴ πᾶcα ἡ θεία γραφὴ..........

ZU CAP. IV 1—10

1		ἀποδέχεται τὴν μιμηcαμένην............	ἐπαναλήψει τὸν ἔπανον.
2		τὸν νοῦν διὰ τούτων................	οὐδὲν ὑλικὸν βλέποντα.
3	ΑΛΛΩC	ἡ δυὰc τῶν ὀφθαλμῶν...............	ἐκτὸc τῇ cιωπῇ.
4		ἔξωθεν γάρ ἐcτι τοῦ...............	cιωπῆc θαυμαζόμενον.
5		τοῦ ἀγαθοῦ βίου..................	ὁρωμένου τὸν κρυπτόμενον.
6		τρίχωμα τὸ ἀντὶ..................	τὴν ἀρετὴν ἐκπονοῦντεc.
7		τοὺc κριτικοὺc καὶ...............	τὴν ἀcχημοcύνην γεννῶνταc.
8		διδυμεύουcαι λέγονται καὶ...........	ἁγίῳ ἀνέβηcαν πνεύματι.
9		κόκκινον cπαρτίον ἐcτὶν.............	αἵματοc τοῦ χριcτοῦ.
10		αἰδοῖ γὰρ ἐρυθραίνετο..............	κόκκουc τῆc ῥοιᾶc.
11		cύμμαχοc τὸ θαλπιωθ...............	τὴν πιθανότητα.
12	ΑΛΛΩC	τράχηλοc τῆc ἐκκληcίαc.............	ἀντὶ τῆc πόλεωc.
13		δύο μαcτοὶ τὸ ἡγεμονικὸν............	τε καὶ γνωcόμεθα.
14		εἰπὼν τὸ ἐμαυτῷ................	τὴν δόcιν τῆc θεότητοc.
15		οὐ γάρ ἐcτιν ἄλλωc...............	ὅλοc γίνεται καλόc.
16		ἀρχὴ γάρ cοι πίcτεωc..............	ὄροc ὁ λίβανοc.
17		θαῦμα γέγοναc ἡμῖν................	ἀγαθοῖc καθορθώcῃ.
18		διττῆc οὔcηc τῆc ὀπτικῆc............	ἐνηρμόcθαι τῷ τραχήλῳ.
19		ἐπιcφραγίζει τῆc νύμφηc..............	εὐαγγελικαῖc διδαcκαλίαιc.
20	ΑΛΛΩC	οἳ οὐκέτι βρύουcι...............	πρὸc τὸ κρεῖττον ἀλλοίωcιν.
21		πολλαὶ τῷ θεῷ θυcίαι..............	διδαcκαλίαc τελούμενον.

Ende der catene.... ὡc ἂν ἔπεcθαι καὶ αὐτῆc διὰ τὸ τέλειον δυναμένηc. Unterschrift unter dem text ἆcμα ἀcμάτων. ἐν τῷ ἄcματι τὴν τῶν μεγάλων καὶ θείων μυcτηρίων χάριν καὶ πρὸc τὸν ζῶντα λόγον κοινωνίαν cημαίνει.

I **Cant. IV** stimmt durchaus mit 𝔈 p. 99—102 (Polychronios) = nr. 1—10 mitte (nur nr. 4 fehlt). bei nr. 10 zu IV 3 bricht ohne anzeichen einer lücke der druck ab und geht erst zu VII 4 weiter. **1** Proc. 1637 A₉₋₁₂ **2** ib. C₉₋₁₁ **3** ib. C₁₁₋₁₄ cf. II 2 ⁴ > Proc. **5** ib. C₁₅—D₂ **6** Proc. 1640 A₁₀—C₄ **7** Proc. 1641 B₁₂—C₉ **8** Proc. 1644 B₉₋₁₀ anf. cf. II 9? ende = II 10 **9** ib. B₁₂—C₂ cf. II 11—13 **10** anfang = Proc. 1645 B₂ **11** cf. II 19? **12** cf. II 17 **13** cf. II 22? **19** cf. II 35.

II
CATENE ZU DEN PROVERBIEN aus B

ΠΡΟΚΟΠΙΟΥ ΧΡΙΣΤΙΑΝΟΥ ϹΟΦΙϹΤΟΥ ΤΩΝ ΕΙϹ ΤΑϹ ΠΑΡΟΙΜΙΑϹ ϹΟΛΟΜΩΝΤΟϹ ΕΞΗΓΗΤΙΚΩΝ ΕΚΛΟΓΩΝ ΕΠΙΤΟΜΗ

Beginn der catene

1 τρεῖς εἰςὶ τοῦ ςοφωτάτου ςολομῶντος.......... ψυχῆς περιέχον οἰκείωςιν.
2 τὸ τῶν παροιμιῶν ὄνομα....................... τὴν εὕρεςιν ςχήςει.
3 Β΄(αςιλείου) παρ' ἡμῖν τοίνυν λόγος............ ὁδὸν χρηςιμεύοντες.
4 ΩΡΙΓ΄ υἱὸς δὲ δᾱδ καὶ ὁ....................... ἔργα τοῦ ἀβραάμ.
5 Β΄ ἵνα ἡ τοῦ λέγοντος....................... πατρὸς καὶ ψήφῳ θεοῦ.

ZU CAP. XVII 1—14

1 τοῦ ἄνωθεν ἄρτου μερικὴ............... γνώςει ψευδωνύμων δογμάτων.
2 ὁ ἀπὸ τῶν ἐθνῶν λαός.................... καὶ εὐγενῶν ἐπεκράτηςαν.
3 ΕΥΑΓΡ΄. ΚΑΙ ΑΛΛΩϹ. εἰ πᾶς ὁ ποιῶν........ τῷ κλήρῳ γεννᾶται χριςτός.
4 ἅμα δὲ καὶ μανθάνομεν....................... τούτων καρδίας ὁ κύριος.
5 ὁ αἱρετικὸς τῆς τῶν...................... τὸ ἑκούςιον δείκνυςιν.
6 ΕΥΑΓΡ΄. ΚΑΙ ΑΛΛΩϹ ὑπακούει ὁ τοὺς............ πλέον ἐν ἑαυτῷ.
7 ὁ πιςτὸς μὴ ςπεύδων..................... μηδέν ἐςτιν ἔχων.
8 ἤγουν ὁ πιςτὸς ὄψεται................. καὶ καθ' ὁμοίωςιν.
9 εἴτε τῷ ἐκπεςόντι................... εἴτε τῷ ἀποθνήςκοντι.
10 εἰ μακαρίων ἐςτίν................. τῶν νῦν διδαςκάλων.
11 εἰ μήπου μετανοήςας δόξηται φρόνηςίν τε καὶ πίςτιν.
12 ἠθικὴ παίδευςις μιςθὸς................. τούτων ἔςχε κατόρθωςιν.
13 διὰ γὰρ μετανοίας.................... ἁγίαν γνῶςιν ςημαίνει.
14 ὁ γὰρ φρόνιμος ὑπὸ................. θεὸς οὐκ ἐξουδενώςει.
15 ἀγαθῇ δῆλον ὅτι................... ἐπιρρίψαι ἐπὶ κύριον.
16 ἕξει διηνεκῆ τὰ κακωτικά.............. μᾶλλον ὁ ἀντ' ἀγαθῶν.
17 ΩΡΙΓ΄ κατὰ τὸ οὐδεμία............. εἶναι ἐξουςία ὑπερέχουςα.
18 ΕΥΑΓ΄ Η ΚΑΙ ΟΥΤΩϹ τοῦ λέγειν ἐπ' ἐξουςίας........ τῆς ἀγνοίας κακία.
Ende der catene.......... αὐτῆς εἰςηγούμενος ἀλλὰ καὶ τὰ εἰςαγωγικά.

CATENE ZUM CANTICUM aus B

ΠΡΟΚΟΠΙΟΥ ΧΡΙΣΤΙΑΝΟΥ ϹΟΦΙϹΤΟΥ ΕΙϹ ΤΑ ΑϹΜΑΤΑ ΤΩΝ ΑϹΜΑΤΩΝ ΕΞΗΓΗΤΙΚΩΝ ΕΚΛΟΓΩΝ ΕΠΙΤΟΜΗ ΑΠΟ ΦΩΝΗϹ ΓΡΗΓΟΡΙΟΥ ΝΥϹϹΗϹ ΚΑΙ ΚΥΡΙΛΛΟΥ ΑΛΕΞΑΝΔΡΕΙΑϹ ΩΡΙΓΕΝΟΥϹ ΤΕ ΚΑΙ ΦΙΛΩΝΟϹ ΤΟΥ ΚΑΡΠΑΘΙΟΥ· ΑΠΟΛΙΝΑΡΙΟΥ ΕΥϹΕΒΙΟΥ ΚΑΙϹΑΡΕΙΑϹ ΚΑΙ ΕΤΕΡΩΝ ΔΙΑΦΟΡΩΝ.

II **Prov. XVII** hss. BCE **3** name > CE **3ᵃ** κάμινοι καρδίας ... καρδίας ὁ κύριος CE **6** name > CE **7** ... ἔχων ἐςτίν E **10** ... οὐχ ἁρμόδιον CE **12** ἡ ἠθικὴ ... CE **16** ἀντὶ τοῦ διηνεκῆ ἕξει ... CE **17** name > CE **18** name > CE.

Beginn der catene: Διὰ τῶν ἐνταῦθα γεγραμμένων..................
ZU CAP. IV 1—10
1 ΓΡΗ' διὰ τῆς προτροπῆς........................διὰ τοῦτο ἠνίξατο.
2   ἡ δὲ δυὰς τῶν ὀφθαλμῶν..............ὁρωμένου τὸ cιωπώμενον.
3 ΝΕΙΛ' ἐκτὸς τῆς cιωπῆς..................λέγοντος βλέπῃ σκοπός.
4 ΚΥΡ' ἡ cιωπὴ αὐτῆς cημαίνει......................καὶ ἄκουε ἰcραήλ.
5 ΓΡΗ' διὰ τούτων τὴν ἐνάρετον................κατ' ἀρετὴν προτερήμαcιν.
6 ΝΕΙΛ' ὡς πρὸς τὸ ῥητὸν οὐδέν....................ἐκείνων ἐπὶ τούτους.
7 ΓΡΗ' πρῶτον λέγει περὶ ὀδόντων...............ἐπιτηδευμάτων ἀτονεῖν.
8 ΝΕΙΛ' ὁμοίως καὶ τοῦτο....................ἄχθος ἀποκειράμενα.
9 ΩΡΙΓ' διδυμεύουcαι δὲ ἄλλως..................καὶ πνευματικῆς.
10 ΦΙΛ' ἢ καὶ ὅτι μόναι.....................ἁγίῳ ἀνέβηcαν πνεύματι.
11 ΓΡΗΓ' κόκκινον cπαρτίον ἐcτίν..................ἐκ νεκρῶν cωθήcῃ.
12 ΝΕΙΛ' χείλη πολλάκις τὸν λόγον...............τὸ τερπνὸν ἔχουcα.
13 ΩΡΙΓ' ἤγουν ἔcτω διάπυρος..................αἵματος τοῦ χριcτοῦ.
14 ΓΡΗΓ' ἀρέcκεται κατὰ τὴν τοῦ.................τῆς cιωπῆς cου.
15 ΝΕΙΛ' ἐπεὶ μὲν ψυχῆς τὸ.................ἔχουcα τῆς καταcτολῆς.
16 ΩΡΙΓ' προcτίθηcι τῷ τῆς.....................τὸ λέπυρον αὐτῆς.
17 ΓΡΗΓ' ἐκ τούτων μανθάνομεν......................ἀντὶ τῆς πόλεως.
18 ΝΕΙΛ' ἐν μὲν τοῖς ὀπίcω ὁ....................τὸν πύργον φηcίν.
19 ΩΡΙΓ' ἀκύλας τὸ θαλπιώθ..................ψευδῆ γνῶcιν ἀδύνατον.
20 ΓΡΗ' δίδυμός ἐcτιν ὁ ἄνθρωπος..................πνεύματος τὸ φῶς.
21 ΝΕΙΛ' τοὺς νηπίους ἐν χριcτῷ..................χάριτος ἀπεκυήθηcαν.
22 ΩΡΙΓ' τὸ ἡγεμονικὸν ὡς ἐπὶ..................ὡς νεκροὶ νεμεθηcόμεθα.
23 ΚΥΡ' ἡ καὶ δύο νεβροί...................βλέπουcι πρὸς θεόν.
24 ⟨ΦΙΛ'⟩ κρίνει δὲ τῶν ἀποcτολικῶν..................μέχρι τῆς cυντελείας.
25 ΓΡΗ' κατὰ μέρος ἐπαινέcας..................ὑψηλὸν.εἶτα ἐπήγαγεν.
26 ΝΕΙΛ' ἐπειδὴ εἶδεν οὕτω................ὅλην καλὴν ὑπαγορεύων.
27   οὐ γάρ ἐcτιν ἄλλως.....................μώμου γενόμενος.
28 ΓΡΗ' εἰπὼν ὅτι ὅλη καλή...................ἀγαθοῖς κατορθώcειεν.
29 ΚΥΡ' διδάcκει ἡμᾶς πόθεν..................κατηχήθης μυcτήριον.
30 ΝΕΙΛ' πάλιν προσκαλεῖται μέν τις...........προcαγαγοῦcα τῷ χριcτῷ.
31 ΓΡΗ' ταῦτα παρὰ τῶν φίλων..............προcτιθέαcι τῷ λεγομένῳ.
32 ΚΥΡ' ἤγουν εἰς πόθον ἡμᾶς..................τὴν ὁμολογίαν ἐποίηcας.
33 ΝΕΙΛ' ὁ νυμφίος ἐκ προcώπου..................ταπεινώcεως cώζει.

II **Cant. IV** hss. BCE **5** name > E **24** name > B **26** ... προcαγορεύων CE **29** vor **28** CE **32** vor **31** CE.

II **Cant. IV** ist gleich Procop. 1637A—1660B varianten: **1 + 2** als ein fragment **27** ΓΡΗΓ' NYCC' **29** vor **28** **32**ᵃ ΓΡΗΓ' NYCC' ταῦτα παρὰ τῶν φίλων ... προcτιθέαcι τῷ λεγομένῳ. ende = Proc. 1753C. ‖ die Gregorcitate excerpiert aus 917 A ff. ‖ Philo v. Carpasia XL: **10** Philo 89B,₁₀ **24** nicht bei Philo zu finden.

34 ὨΡΙΓ' τὸ ἔνθεμα εἴρηται.................προφῆται καὶ ἀπόστολοι.
35 ΓΡΗ' ἐπισφραγίζει τῆς νύμφης................πηγάζειν ὁμοίως αὐτῷ.
36 ΝΕΙΛ' βελτίωσιν καὶ προκοπὴν.................θεωρίας ἐπιτηδειοτέρα.
  Ende der catene........δηλούντων τὸ εὐῶδες τῶν οὐρανίων καὶ καθαρόν.
  Unterschrift (in rot) Τὰ πρόσωπα· νυμφίος ὁ χριστός.
        νύμφη ἡ ἐκκλησία. ἑταῖροι ἄγγελοι καὶ ἅγιοι.
        νεανίδες αἱ ὡς ἐλάττους τῆς ἐκκλησίας ἀκόλουθοι.

III
CATENE ZU PROV. CAP. XVII 1—8 aus D

1 καλλίων ἐστὶν ἄρτος........................παραπικραινούσης ψυχήν.
2 ὁ πάθεσι δουλεύων............................τῶν παραλόγων παθῶν.
3 ἐν δὲ ταῖς περὶ τὸ.........................ἐκφεύγειν τῶν ἀρετῶν.
4 καθάπερ ἡ τοῦ ἀργύρου...................τοιούτων ψυχῶν δοκιμάζεται.
5 ὁ κεκτημένος γνώμην.......................τῆς πονηρίας πνευμάτων.
6 ὁ δὲ θείοις νόμοις........................αὐτῶν οὐ προσίεται.
7 ὁ ἐξουθενῶν τὸν...........................καὶ κάτω μένουσαν.
8 καὶ ὁ ἐπεγγελῶν τῷ........................τὸν ὁμοφυῆ διετέθη.
9 δόξα ὥσπερ τοῖς...........................ἴσχουσαν μαθητάς.
10 καύχημα δὲ καθάπερ......................οἱ υἱοὶ ἐναβρύνονται.
11 τοῦ βεβαίαν εἰς θεόν......................τὰ πάντα κατέχει.
12 τοῦ δὲ θεῷ μὴ πιστεύοντος................περιουσίαν χρημάτων.
13 οὐκ εὐπαράδεκτοι.........................ἅγιαι αὐτοῦ ἐντολαί.
14 οὐδὲ τῷ κατ' αὐτὰς........................δουλεύειν δύναται.
15 μισθοῦνται διὰ τῶν.......................τὸ βέλτιον μεταβάλλεται.
  Ende der catene....ὁρώντων τὰ καλὰ ὑμῶν ἔργα καὶ δοξαζόντων τὸν πατέρα ἡμῶν τὸν ἐν τοῖς οὐρανοῖς.

CATENE ZU ECCLESIASTES aus D
ΕΡΜΗΝΕΙΑ ΚΑΤΑ ΠΑΡΑΦΡΑΣΙΝ ΤΟΥ ΕΚΚΛΗΣΙΑΣΤΟΥ ΣΥΛΛΕΓΕΙΣΑ ΑΠΟ ΤΕ ΤΩΝ ΕΙΣ ΤΟΥΤΟΝ ΕΡΜΗΝΕΙΩΝ ΤΟΥ ΑΓΙΟΥ ΓΡΗΓΟΡΙΟΥ ΤΟΥ ΝΥΣΣΗΣ ΚΑΙ ΤΗΣ ΠΑΡΑΦΡΑΣΕΩΣ ΤΗΣ ΛΕΓΟΜΕΝΗΣ ΤΟΥ ΘΕΟΛΟΓΟΥ ΚΑΙ ΑΠΟ ΔΙΑΦΟΡΩΝ ΕΝΝΟΙΩΝ ΤΟΥ ΑΓΙΟΥ ΜΑΞΙΜΟΥ

  Beginn der catene: προγυμνάσας ἤδη σαλομὼν.....................
ZU CAP. II 1—16

1 δηλαδὴ καθειλκύσθην........................ἀνόητα οὕτως δὲ συνείς.
2 ἤγουν ὡσανεὶ εἶπον......................ζόφον ποιεῖς· ταῦτ' εἰπών.
3 τοῦτ' ἔστι καὶ ἐσκόπησα..................γενέσθαι ἠθέλησα καί.

III **Prov. XVII** ist gleich Proc. 1392D—1396B. Varianten: 8ᵃ ὁ δὲ σπλάγχνα ... ἐλεηθεὶς ὡς ἠλέησεν.

4 εἶτ' οὖν διεξελήλυθα.................................ἑξῆς μοι συνέβαινε.
5 δηλονότι συνέβαινεν ἐντεῦθεν.....................διαπορεύεσθαί ποτε.
6 ἤτοι ἀνανήψας ἐγὼ.............................ἐξετάσαι τὸ διάφορον.
7 δηλαδὴ καὶ ἀπεκόπης............................οὕτω δ' ἀπεκόπησα.
8 ἤγουν καὶ ἐξ αὐτῆς...............................δὲ τοῖς εἰρημένοις.
9 τοῦτ' ἔστιν ἀπ' αὐτῶν...........................σοφίαν αὐτὸς ἤσκησα.
10 εἶτ' οὖν ὁπότε...................................πάντων τῶν προσκαίρων.
Ende der catene...................................πάσῃ παραβαθείσῃ ἐντολῇ.

CATENE ZUM CANTICUM aus D

ΕΡΜΗΝΕΙΑ ΚΑΤΑ ΠΑΡΑΦΡΑCΙΝ ΤΟΥ ΑCΜΑΤΟC ΤΩΝ ΑCΜΑΤΩΝ CΥΛΛΕΓΕΙCΑ ΑΠΟ ΤΕ ΤΩΝ ΕΙC ΤΟΥΤΟ ΕΡΜΗΝΕΙΩΝ ΤΟΥ ΑΓΙΟΥ ΓΡΗΓΟΡΙΟΥ ΤΟΥ ΝΥCCΗC ΚΑΙ ΤΟΥ ΑΓΙΟΥ ΚΥΡΙΛΛΟΥ ΚΑΙ ΤΟΥ ΑΓΙΟΥ ΝΕΙΛΟΥ ΚΑΙ ΑΠΟ ΔΙΑΦΟΡΩΝ ΕΝΝΟΙΩΝ ΤΟΥ ΑΓΙΟΥ ΜΑΞΙΜΟΥ

Beginn der catene ἐπειδὴ καὶ τὰς παροιμίας.........................
ZU CAP. IV 1—8

1 ἤτοι ἰδοὺ ὑπάρχεις................................τοῦτον διέξεισι φάσκων.
2 ὁ τῶν αἰσθητῶν...............................τοῦ θεοῦ ἀκατάληπτον.
3 ἤτοι οἱ πρακτικοί σου.........................μαρτυρίας ἑρμηνευόμενον.
4 ἤγουν αἱ διανοήσεις σου.........................οὐκ ἔστιν ἐν αὐταῖς.
5 δηλονότι οἷα μὲν σπαρτίον....................διὰ ταῦτα ὡράϊσται.
6 δηλαδὴ οἷα λέπυρον..........................διακεχυμένον κολάζεις.
7 ἤτοι οἷα πύργος δᾶδ............................γνώσεως διὸ καί φησιν·
8 ἤγουν αἱ δέκα πλασιάζουσαι ....αὐτόν φησιν· ἀλλὰ καὶ·
9 αἵπερ εἰσὶν αἱ παρὰ.............................τράχηλος σου οἱ δὲ·
10 δηλονότι ἡ ἠθικὴ..............................νεβροὶ δέ φησιν.
11 ἤγουν αἱ τρεφόμεναι...........................ἀπέδειξα λοιπόν.
12 ἤτοι πορεύσομαι ἑκουσίως....................τετελείωκα· καὶ γάρ·
13 δηλαδὴ νῷ καὶ ψυχῇ............................ὅλη ὑπάρχῃς καλή.
14 ἤγουν πρός με τὸν.............................γίνῃ θεὸς καὶ γάρ·
15 καὶ ἐλεύσῃ μὲν................................καὶ οὕτω φυλαχθήσῃ.
16 ἤτοι ἀπὸ τῆς δίκην............................ὡς εἴρηται ἐπειδήπερ.

CATENEN ZU IOB.

A Paris. nat. gr. 151 = Prov. A.

B Paris. nat. gr. 162. XIII. jahrhundert. enthält Iob. pergament 23,5 × 18,5 cm. text in der mitte, catene am rande. namen rot im text. sehr schlecht und meist ohne linien geschrieben. (125 fol.)

C Paris. nat. gr. 138. XVI. jahrhundert. enthält Iob. papier 30 × 20 cm. 24 zeilen. text und catene hintereinander. namen schwarz mit roten initialen im text. (282 fol.)

D Paris. nat. gr. 134. XIII. jahrhundert. enthält Iob mit roh ausgeführten bildern. pergament 29 × 23,5 cm. text und catene hintereinander, textworte und namen (im text) rot. von 3 händen geschrieben: fol. 1—15. 16—154. 155—209. (210 fol.) s. Bordier s. 223.

E Paris. nat. gr. 135. XIV. jahrhundert (1362) enthält Iob mit roh ausgeführten bildern. bombycin. 37,3 × 27 cm. 33 zeilen. text in der mitte, catene am rande. namen rot am rande (247 fol.).

F Paris. coisl. gr. 9. XV. jahrhundert. enthält Iob von VI 21 an nebst fragmenten eines Menaeum aus dem XII. jahrhundert. bombycin 30,7 × 21 cm. text und catene hintereinander. namen (fehlen häufig) rot am rande. (138 fol.)

₰ Catena Graecorum Patrum in beatum Iob collectore Niceta Heracleae Metropolita ex duobus mss. bibliothecae Bodleianae codicibus, Graecè nunc primùm in lucem edita, & Latinè versa opera et studio Patricii Iunii Bibliothecarii Regii. Accessit ad calcem Textus Iobi cτιχηρῶc, iuxta veram et germanam Septuaginta Seniorum interpretationem, Ex venerando Bibliothecae Regiae Ms. codice, totius orbis antiquissimo, ac praestantissimo. Londini. Ex typographio Regio MDCXXXVII. fol.

₵ Catena in Beatissimum Iob absolutissima, e quattuor et viginti Graeciae Doctorum explanationibus contexta, a Paulo Comitolo, Perusino, Societatis Iesu E Graeco in Latinum conversa, atque ab eodem nunc iterum edita, nec non multarum magnarumq́. rerum, quas tertia pagina indicabit, accessionibus locupletata. Adiecto Indice rerum et verborum uberrimo . . . Venetiis, apud Iolitos M. D. LXXXVII. kl. 4°.

Olympiodorus comment. in Iob. XCIII.

I
PROLOGE aus A

1 ΤΟΥ ΘΕΟΦΙΛΕCΤΑΤΟΥ ΟΛΥΜΠΙΟΔΩΡΟΥ ΔΙΑΚΟΝΟΥ ΥΠΟΘΕCΙC ΕΙC ΤΟΝ ΙΩΒ πολλὰ τοῖc παλαιοτέροιc ἔδοξε . . . . ἐποίηcαc οὕτωc.
2 ΚΑΙ ΜΕΘ ΕΤΕΡΑ περὶ δὲ αὐτοῦ τοῦ . . . . ἑβδομήκοντα διηρμήνευcαν.
3 ΚΑΙ ΜΕΘ ΕΤΕΡΑ ταῦτα μὲν περὶ . . . . οὐχ ἑαυτὸν ἀνεῖλεν.
4 ἥτιc τοιγαροῦν . . . . τῆc τοῦ ἀνδρὸc μεγαλοψυχίαc. dahinter die überschrift als subscriptio wiederholt.
5 ΟΥΤΩ ΠΟΛΥΧΡΟΝΙΟC ΦΗCΙΝ ΕΝ ΤΟΙC ΕΙC ΤΟΝ ΙΩΒ
ἡ ἐν ταῖc θείαιc γραφαῖc ἀcάφεια . . . . folgen 10 gründe für diese ἀcάφεια . . . .
. . . . καὶ γραφῇ παραδέδωκεν. überschrift wiederholt.
6 ΥΠΟΘΕCΙC ΕΙC ΤΟΝ ΙΩΒ [ΤΟΥ ΠΟΛΥΧΡΟΝΙΟΥ schwarz am rande]
εἰc τὴν ὑπόθεcιν τοῦ ἰὼβ διαφόρωc ἠνέχθηcαν . . τοcοῦτον διεζηκέναι χρόνον.
7 ΙΟΥΛΙΑΝΟC Ο ΑΛΕΞΑΝΔΡΕΙΑC εἰκὸc οὖν ὅτι καὶ μωυcῆc . . . . ἀπώλεcα ἂν ὑμᾶc.
8 χρὴ πᾶcι τρόποιc ἀνακοπεῖν . . . . μεγίcτην ὑπομείνῃ ζημίαν.
überschrift ΥΠΟΘΕCΕΙC ΕΙC ΤΟΝ ΙΩΒ wiederholt.
9 Εἰcὶ δὲ ἐν τῇδε βίβλῳ διάλογοι πεντήκοντα δύο . . . . . folgt deren liste . . . .
. . . . ὁμοῦ ΝΒ.

I. **Prologe 1—4** ₰ prooem. 6ʳ—8ᵛ₃₃. ₵38—40 vgl. auch 42 ff. Olymp. 13 ff. **5** ₵37—38 **6** ₰ prooem. 1ᵛ—2ᵛ₁₆ **7** ₰ prooem. 2ᵛ₁₆—3ʳ₁₇ ohne namen und absatz als fortsetzung von 6, ebenso 8 ₰3ʳ₁₇—3ᵛ₁₉. dann folgt ΙΟΥΛΙΑΝΟΥ ΤΟΥ ΑΛΙΚ´ cημαίνει ἡ βίβλοc τοῦ μακαρίου . . . αὐτῶν ἐπαγγελία·•· **6—8** als éin stück ₵35—37

10 Δεῖ δὲ τὸν ἐντυγχάνοντα τῷδε τῷ πονήματι ἐκ διαφόρων συνειλεγμένῳ μὴ ταῖς διαφόροις ἔσθ' ὅτε ἐννοίαις ὡς περιτταῖς ἐπιμέμφεσθαι. ἀεὶ γὰρ τὸ γράμμα τὸ ἱερὸν συναναβαίνει τοῖς συναναβαίνουσιν.

11 ΟΛΥΜΠΙΟΔΩΡΟΥ ΔΙΑΚΟΝΟΥ ΠΡΟΘΕΩΡΙΑ ΚΕΦΑΛΑΙΟΥ ΠΡΩΤΟΥ
ἄνθρωπος ἦν.... ὄνομα Ἰώβ: — ὄνομα τοῦ δικαίου καὶ χώραν..... τῆς εἰς
θεὸν δεήσεως.

repeated überschrift wiederholt: dann folgt

BEGINN der catene.

1 ΟΛΥΜΠΙΟΔΩΡΟΥ ἡ χώρα ἡ αὐσῖτις............... πολλῶν ὑψηλότερος.
2 ΧΡΥΣΟΣΤΟΜΟΥ ὅρα πρῶτον ἐγκώμιον................ἦν τὸ θαυμαστόν.
3 ΑΓ' ΙΩΑΝΝΟΥ οἱ γὰρ φαῦλοι ψευδεῖς............. βίου γίνεται φυλακή.
4 ΤΟΥ ΑΥΤΟΥ πρῶτον εἶπεν τὴν ἀρετὴν...... ὑπέσχετό σοι συγκαταβαίνων.
5 ΟΛΥΜΠΙΟΔΩΡΟΥ καταλέγει ταῦτα ἵνα.............. ἀπὸ τῆς εὐσεβείας.
6 ΑΓ' ΙΩΑΝΝΟΥ ὅρα λοιπὸν πλοῦτον................... οὐδὲν ἦν ἄπορον.

ZU CAP. III 1—9. ΚΕΦ' Γ̄

1 ΟΛΥΜΠΙΟΔΩΡΟΥ ἀνοίγων τὸ στόμα.............. στόμα αὐτοῦ ἐδίδασκεν.
2 ΤΟΥ ΑΥΤΟΥ τολμηρὸν εἶναι κρίνας................ ἄδικόν τι λογίζεσθαι.
3 ΤΟΥ ΑΥΤΟΥ ἐφέρει τὰ τῆς.................. Ἰερεμίου κλαίοντος ἀκούσῃ.
4 ΣΕΒΗΡΟΥ ΕΠΙΣΚΟΠΟΥ ΑΝΤΙΟΧ' οἱ μὲν οὖν πρὸ...... εὐλόγιστον ἡ φύσις.
5 ΣΕΒΗΡΟΥ ΣΥΝΤΟΜΩΣ ΕΙΣ ΤΟ ΑΥΤΟ πρὸς θεὸν ὅλον.... κατηγορηθείη θεός.
6 ΤΟΥ ΑΓΙΟΥ ΙΩ ΤΟΥ ΧΡ' ὁρῶν γὰρ ὁ δίκαιος....... δεινῶν βαρυνόμενος.
7 ΟΛΥΜΠΙΟΔΩΡΟΥ πρὸς μὲν τὸ ῥητὸν............ ἄρσενος πρὸς τὸ θῆλυ.
8 ΣΕΥΗΡΟΥ ΕΠΙΣΚΟΠ' ΑΝΤΧ' ΑΠΟ ΛΟΓ' ΡΗ πάλιν ἐνθάδε.... ἄρρεν ἀξίωμα.
[zu den textworten ἡ νὺξ ἐκείνη εἴη σκότος folgt in A die erklärung ἐν ἀγνωσίᾳ εἴη μὴ μνημονευομένη: dazu die randnote τοῦτο τοῦ ŌΔ κεφαλαίου ἐστίν.]
9 ΤΟΥ ΑΥΤΟΥ ἀναζητουμένης γὰρ............... ἀδὰμ ἡμαρτημένα.
10   τοῦτ' ἔστιν δέξαιτό μου.......... ἐμῶν συμφορῶν γένοιτο.
11   εἰς αὐτὸν τὸν διάβολον............ διάβολον ὀνομάζων.
12 ΤΟΥ ΑΓ' ΙΩ ἐπειδὴ γὰρ οὐ περὶ.............. ἀριθμεῖν βουλομένοις.

I   **Iob III** hss. A B C. text nach A   **2** > B   **5** ΘΕΟΔΩΡΗΤΟΥ B   **8**[b] ἐν ᾗ ἐνόμισε κρεῖττον' ἑαυτὸν ἔσεσθαι ἀδάμ B   **8°** ΟΛΥΜΠ' ἐν ἀγνωσίᾳ ... ἀναζητουμένης C   **12**[a] ἐκβλητος ὁ ἑβραῖος C (cf. 16[a] B) auch sonst hat C öfter hexaplarische notizen zwischen den worten der catene

I   **10** ℭ 40 unten   **11** ℨ 1. ℭ 49.
    Beginn 1 anfang wie ℨ 2 = ℭ 50₁₇₋₂₀; Olymp. 20 A   **2** ℨ 2. ℭ 50₃₀₋₃₄   **3** anfang = ℨ 3₂₇. ℭ 51₁₈   **4** ℨ 10. ℭ 66₂₆₋₃₁   **5** ℨ 13₁₈₇₋₂₀. ℭ 58₁₉₋₂₃ cf. Olymp. 20 C.   **6** ℨ 13 unten—14₂. ℭ 59₄₋₈.
    III   **1** ℨ 114₃₄₋₄₀. ℭ 136₂₉₋₃₃. aus II 1   **2** ℨ 115₄₁₋₄₇. ℭ 137₁₇₋₂₀. aus II 3   **3** ende cf. ℨ 115₂₉. ℭ 137₁₉. aus II 3   **4** ... εὐλόγιστον ἡ φύσις ℨ 116₃₄—117₁₆. ℭ 138₁₂₋₃₀. aus II 4   **5** ende = ℨ 116₂₅. ℭ 138₄. aus II 4   **6** ℨ 118 unten—119₁₄. ℭ 139 unten—140₃. aus II 6   **7** ℨ 117₁₇₋₂₇. ℭ 138₃₁₋₂₈. aus II 7   **9—11** ΟΛΥΜΠ' in einem stück ℨ ℭ = II 9.   **9** ℨ 119₁₀₋₁₆. ℭ 140₂₅₋₂₉   **10** ℨ 120₁₋₅. ℭ 140₃₀₋₃₂   **11** ℨ 120₆₋₁₁. ℭ 140₃₃₋₃₆   **12** ℨ 119₁₉₋₂₆. ℭ 140₁₁₋₁₆.

13 ΟΛΥΜΠΙΟΔΩΡΟΥ ἐνιαυτὸν καλεῖ τὸν............... κόςμῳ χc ὁ θεός.
14 CΕΥΗΡΟΥ ΕΠΙCΚΠ' ΑΝΤΙΟΧΙΑC ΑΠΟ ΛΟΓ' ΡΗ προφητικῶc καὶ ἐcχηματιc-
μένωc....................................καὶ ἐπεύχεται πειραcθῆναι.
15 ΟΛΥΜΠΙΟΔ' εἰ γὰρ ἐλογίcθη................... ὡc ὀδύνηc αἰτία.
16 ΤΟΥ ΑΥΤΟΥ ὁμοῦ προcεύχεται καὶ............. κατάραc πληρώcειεν.
17   μὴ ὀνομάcαιcαν αὐτὴν ἐπικαταρώμενοι ἡμέραν.
18 CΕΥΗΡΟΥ ΕΠ' ΑΝΤ' ΑΠΟ ΛΟΓ' ΡΙ τίc δέ ἐcτι τὸ.... τῆc παρουcίαc αὐτοῦ.
19 ΤΟΥ ΑΥΤΟΥ CΕΥΗΡΟΥ ΑΠΟ ΛΟΓ' Γ περὶ τοῦ χῦ.... τοῦ διαβόλου τρόπαιον.
20 ΑΠΟΛΙΝΑΡ' κῆτοc λέγει ὃν πολλαχοῦ.............. προcτέθεικε τὸ μέγα.
21 ΔΙΔΥΜΟΥ ἐπεὶ γὰρ διάβολοc κῆτοc............... δύναμιν τοῦ ἐχθροῦ.
22 ΚΑΙ ΜΕΤ ΟΛΙΓΑ καλῶc δὲ τὸ................ τοῦ μανιχαϊκοῦ δόγματοc.
23 ΙΟΥΛΙΑΝΟΥ οὐδὲν οὔτε κατὰ................ τῇ νυκτὶ παρῳχήκει.
24 ΟΛΥΜΠΙΟΔ' ΔΙΑΚ' τῆc ἁμαρτίαc φηcίν............ καταυγάζων ψυχήν.

ZU CAP. XXXVIII 1—6 aus A   ΚΕΦ' ΚS

1 ΙΟΥΛΙΑΝΟΥ καταcιγάcαντοc τοῦ μὲν............... διὰ cτύλου νεφέληc.
2 ΜΕΘΟΔΙΟΥ ὁ κύριοc ἀρχῆθεν................. διὰ νεφελῶν λαλεῖ.
3 ΤΟΥ ΑΓΙΟΥ ΙΩΑΝΝΟΥ ἐπειδὴ cύμβολον........... ἄνωθεν ἡ φωνή.
4 ΟΛΥΜΠΙΟΔΩΡΟΥ ἐπειδήπερ τὰ μὲν............ δικαίου παρατροπήν.
5 ΙΟΥΛΙΑΝΟΥ τίc οὗτοc ὁ κρύπτων.............. ἀνάξιον θῦ φθεγξάμενοc.
6 ΜΕΘΟΔΙΟΥ ἐπειδὴ νενίκηται ὁ................. ἀπὸ προcώπου κυρίου.
7 ΤΟΥ ΑΓ' ΙΩ' ὅρα τί ποιεῖ· ἐμοὶ................ καὶ ἐκλεκτικῶc.
8 ΟΛΥΜΠΙΟΔΩΡΟΥ ἄνδριcαι τοιγαροῦν............. πρὸc τὰ λεγόμενα.
9 ΜΕΘΟΔΙΟΥ ὡc πρὸc τὸν διάβολον............ cύμβουλοc αὐτῷ ἐγένετο.
10 ΤΟΥ ΑΓ' ΙΩ' ἐπειδὴ καταβεβλημένοc.............. πάcχοντα κακῶc.
11 ΟΛΥΜΠΙΟΔΩΡΟΥ ἐπειδὴ ἠθύμειc............ κτιcμάτων ἀποκρίθητί μοι.
12 ΜΕΘΟΔΙΟΥ ἐμοὶ φιλονικεῖc καὶ............... τοῦ φωτὸc cτερήcει.
13 ΤΟΥ ΑΓ' ΙΩ' τί λέγει φηcίν................. πολλῷ μᾶλλον cύ.
14 ΚΑΙ ΜΕΤ ΟΛΙΓΑ οὐκ εἶπεν ὅτι ἐποίηcα............ μὴ παραcαλευθῆναι.
15 ΟΛΥΜΠΙΟΔ' ἐξ ὁμοιώματοc τῶν............... τοὺc λόγουc ἐπίcταcαι.
16 ΜΕΘΟΔΙΟΥ οὐχὶ τὸ μέτρον................... καὶ ἄλληc ἄλλο.
17 ΤΟΥ ΑΓ' ΙΩ' ἀπόρρητα μανθάνομεν............... τῆc διαναcτάcεωc.
18 ΤΟΥ ΑΥΤΟΥ πρῶτον μὲν ἐκκρεμήc.............. φηcὶν πεπήγαcιν.
19 ΤΟΥ ΑΥΤΟΥ ἄρα οὐχ' ἁπλῶc................ πᾶcαν αὐτὴν λυμήναcθαι.

I 13 name > B 14 name > B 16 ... ἀξίωμα τοῦ θεοῦ λόγου B 16ᵃ ἔκβλητον ὁ
ἑβραῖοc ἀντὶ τῆc ὀδύνηc μεμονωμένη φηcίν B 17 > C 18 + 19 als ein fragment B.

I 13 $\mathfrak{J}121_{30-37}$. $\mathfrak{C}141$ unten—142_3 14 $\mathfrak{J}121_{38-44}$. $\mathfrak{C}140_{11-16}$. aus II 6 16 anf. = $\mathfrak{J}122$
unten. $\mathfrak{C}142_{31}$ 22 $\mathfrak{J}123_{20-37}$. $\mathfrak{C}143_{5-17}$.
XXXVIII 1 ende cf. $\mathfrak{J}538_{25}$ (name >). $\mathfrak{C}481_{24}$. aus II 1 2 $\mathfrak{J}538_{6}$—539_6. $\mathfrak{C}481_{52}$—482_6.
aus II 3. 3 $\mathfrak{J}538_{27-36}$. $\mathfrak{C}481_{25-31}$ = II 2 7 $\mathfrak{J}539_{13-e}$. $\mathfrak{C}482_{12-20}$ = II 5 13 $\mathfrak{J}540_6$—541_4.
$\mathfrak{C}483_{14-30}$. aus II 10 14 $\mathfrak{J}541_{4-11}$. $\mathfrak{C}483_{20-25}$. aus II 10 17 $\mathfrak{J}540_{22-27}$. $\mathfrak{C}484_{12-16}$ 18 $\mathfrak{J}542_{17-44}$.
$\mathfrak{C}484_{19-25}$ = II 17 19 $\mathfrak{J}542_{6-12}$. $\mathfrak{C}484_{29-32}$. aus II 19.

20 ΤΟΥ ΑΥΤΟΥ τίς δέ ἐστιν ὁ βαλών.................τὰ πέρατα τῆς γῆς.
21 ΤΟΥ ΑΥΤΟΥ λίθον γωνιαῖον· τοῦτο δύναται.........cυνδεῖ τοὺς τοίχους.
Ende der catene aus Δ: ΕΥΑΓΡΙΟΥ τοῦ ἐλιφὰΖ ἦν υἱὸc cωφάρ.......μα-
θηταὶ τοῦ ἰcαὰκ καὶ ἰακὼβ καὶ ὁ ἀμαλὴκ τοῦ ἠcαῦ.

II
ΤΩΝ ΚΑΤΑ ΚΕΦΑΛΑΙΟΝ ΕΞΗΓΗCΕΩΝ ΕΙC ΤΟΝ ΔΙΚΑΙΟΝ ΙΩΒ ΑΠΟ
ΦΩΝΗC ΟΛΥΜΠΙΟΔΩΡΟΥ ΔΙΑΚΟΝΟΥ ΚΑΙ ΕΤΕΡΩΝ.

PROLOGE aus E
1 Η ΥΠΟΘΕCΙC ΟΛΥΜΠΙΟΔΩΡΟΥ
 πολλὰ τοῖc παλαιοτέροιc....................ἀνδρὸc μεγαλοψυχίαc.
2 ΠΟΛΥΧΡΟΝΙΟΥ ΠΡΟΛΟΓΟC ΕΙC ΤΟΝ ΙΩΒ
 ἡ ἐν ταῖc θείαιc γραφαῖc....................καθ' ἕκαcτον κεφάλαιον.
3 ΠΡΟΘΕΩΡΙΑ ΤΟΥ ΠΡΩΤΟΥ ΚΕΦΑΛΑΙΟΥ
 ἄνθρωπος ἦν....ὄνομα Ἰώβ: — ὄνομα τοῦ δικαίου...τῆς εἰς θεὸν δεήσεως.

CATENE ZU CAP. III 1 ff   ΚΕΦ' Γ̄
1 ΟΛΥΜΠΙΟΔΩΡΟΥ ὅτε δίκαιος ἀνοίγει.........⟨cτόμα αὐτοῦ μαρτυρίας⟩.
2 ΠΟΛΥ' ⟨ἀκριβῶς δὲ⟩ κεῖται...................τὸ cτόμα φθέγγεται.
3 ΟΛΥΜΠΙΟΔ' ὅτι μὲν ἀθυμοῦcιν.............ἐλεεινῶν φωνῶν ὁμιλία.
4 CΕΒΗΡΟΥ ὡς μὲν μόνος ἦν..................εὐόλιcθον ἡ φύcιc.
5 ΧΡΥCΟCΤ' μὴ ἁπλῶς τὰ ῥήματα............κοινῆς μετέχειν φύcεως.
6 ΤΟΥ ΑΥΤΟΥ ὁρῶν ὁ δίκαιος.................τοῖς ἀριθμεῖν βουλομένοις.
⟨7 ΟΛΥΜΠ' πρὸς μὲν οὖν τὸ ῥητόν..............ἡμέραν ὁ δίκαιος.
8   τοῖς προστάγμαcιν.................ἐλεεινῶν φωνῶν ὁμιλία.⟩
9 ΟΛΥΜΠ' πρὸς μὲν οὖν τὸ ῥητόν............πειθομένους ἐξ ἀβουλίας.
10 ΟΛΥΜΠ' ἀκύλας δὲ καὶ cύμμαχος..........ἐπ' αὐτοῖς αἰcθήcεcιν.
11 ΤΟΥ ΑΥΤΟΥ τῆς διανοίας φηcὶ.............πανταχόθεν τὸν ἄνθρωπον.
12 ΟΛΥΜΠΙΟΔ' ὁ δὲ cύμμαχος μηδὲ.........ἀμνηcτίαν χαρίcηται.
13 CΕΒΗΡΟΥ τάχα δὲ προφητικῶς............ἐπεύχεται περανθῆναι.

II Iob III hss. DE **1** ende zerstört in E **2** ΠΟΛ' ΚΑΙ ΧΡΥC' D anfang zerstört E
3... πάθει ποριζόμενος D **4** hinter 5 ἄλλως δὲ· ἕως μὲν ὅλως ... D **5** μὴ οὖν ἁπλῶς
... D **6** > D **7** > E **8** > E hinter 8 lässt D eine halbe seite — wohl für ein bild —
frei **9** name > D **10** name > D **11** ΠΟΛΥΧΡ' D **12** ΠΟΛΥ' πρὸς δὲ διάνοιαν ... D
13 CΕΒΗΡΙΑΝΟΥ mit 14 als ein fragment D

I **20** ende = J542₃₀. C484₂₇. aus II 18 **21** J542₃₁₋₃₄. C484₂₇₋₂₉. aus II 18.
II **Proloqe 1** = I 1—4 **2** anfang = I 5. ende J procem. 8ᵛ **3** = I 11 Olymp. 17D.
 III **1** J114. C136. Olymp. 52A **2** J115; Pol. et Chrys. C137 **3** ... πάθει ποριζόμενος
J115; C137 = B. Olymp. 52C—53D **4** hinter 5. J116. C137 **5** μὴ οὖν ... J116. C137
6 J118. C139 **7** + **8** als éin stück J117. C138 **9** J119; Olymp. et Sever. C140. Olymp. 56A
10 J120. name > C141 Olymp. 56C **11** J120. name > C141. Olymp. 56D **12** J121.
C141. Olymp. 57A **13** J121; Severiani C142

14 ΠΟΛΥΧΡ' ἡ νὺξ ἐκείνη εἴη φηcίν.................ἀνέcεωc οὔcηc αἰτίαc.
15 ΟΛΥΜΠ' οὐδὲν οὖν κατὰ θεοῦ...................τοῖc αὐτοῦ τοξεύμαcιν.
16 ΠΟΛΥΧΡ' τὰ τῆc ἐμῆc φηcιν.......................ποιῆcαι δυνάμενοc.
17 ΟΛΥΜΠ' ὁμοῦ προcεύχεται καὶ..............τὰ τῆc αἰτήcεωc.
18 ΔΙΔΥΜΟΥ καλῶc τὸ ὁ μέλλων.................τοῦ μανιχαϊκοῦ δόγματοc.
19   ὁ δὲ cύμμαχοc προcδοκηθείη........ὑπομεῖναι ἐν cκότῳ.
20 ΟΛΥΜΠ' πρὸc μὲν ῥητὸν μὴ δοῖεν..............οἴεται μὴ cφάλλεcθαι.

ZU CAP. XXXVIII 1 ff.   ΚΕΦ' ΚϚ
1 ΩΡΙΓ' πλοῦτοc καὶ πενία.ὑγεία........................φηcὶν ὁ μελῳδόc.
2 ΧΡΥC' ἐπεὶ cύμβολον..............................ὅτι ἄνωθεν ἡ φωνή.
3 ΜΕΘΟΔΙΟΥ ἐπιcήμηναι ὅτι κc..................διὰ νεφῶν λαλεῖ.
4   cύμμαχοc· cκοτεινὸc γνώμη.
5 ΧΡΥC' ὅρα τί ποιεῖ...........................ἐλεγκτικῶc διαλέγεται.
6 ΟΛΥΜΠ' οὐδείc φηcιν ἀποκρύψαι...........μὴ ἐξαγγέλλωνται.
7 ΙΟΥΛΙΑΝΟΥ ἴcωc ἐπειδὴ πρὸc τὰ..............τῶν ῥημάτων ἀρεcθείc.
8 ΧΡΥCΟCΤ' ἐπειδὴ καταβεβλημένοc................πάcχοντα κακῶc.
9 ΟΛΥΜΠ' ἐπιρρωννὺc τοιγαροῦν................ἀπόκριcιν ἀνδρικήν.
10 ΧΡΥCΟCΤ' τί λέγειc φηcὶ....................χρόνῳ μὴ παραcαλευθῆναι.
11 ΒΑCΙΛΕΙΟΥ ἐνταῦθα μανθάνομεν.................ἐcτηρίχθαι βεβαίωc.
12 ΟΛΥΜΠ' ἰcτέον ὡc νῦν πρῶτον..............ἀπόρρητον διό φηcιν.
13   τουτέcτιν εἰ ἔχειc................ἀποκρίθητί μοι.
14 ΟΛΥΜΠ' ἀκύλαc δὲ καὶ cύμμαχοc............καὶ μέγα cτοιχεῖον.
15 ΧΡΥCΟCΤ' ἀπόρρητα μανθάνομεν...............καὶ τῆc διαcτάcεωc.
16 ΟΛΥΜΠ' οἱ δὲ ἄλλοι αἱ βάcειc..................τοὺc ἀναβαcταcτῆραc.
17 ⟨ΧΡΥC'⟩ πρῶτον μὲν ἐκκρεμήc..............διὰ τοῦτό φηcι πεπήγαcιν.
18 ΤΟΥ ΑΥΤΟΥ ὅτι οὕτωc ἕcτηκεν................cυνδεῖ τοὺc τοίχουc.
19 ΧΡΥC' ἆρα οὐχ ἁπλῶc..........................καὶ τὸ cπαρτίον.

II. **14** name > D   **15** name > D   **16** τὸ λοιπὸν τ' am rande D   **18** name > D   **19** mit 20 als ein fragment ΟΛΥΜΠ' ΚΑΙ ΠΟΛΥΧΡ' D.
 Iob **XXXVIII** hss. DE text nach E (F stimmt mit E)   **1–3** > D   **5** name > D   **8** name > D   **10** name > D   **12** ἰcτέον δὲ ὡc ... D   **13** > D   **16** D   **17** name > E   **18** name > D.

II. **14** ὁ δὲ cύμμαχοc ἔκβλητοc ... ℨ122; mit 13 verbunden ℭ142   **15** ℨ122. ℭ142. Olymp. 57C   **16** ℨ122. ℭ142   **17** ℨ122. ℭ142. Olymp. 57D   **18** ℨ123. ℭ143   **19** + **20** als éin stück ΟΛΥΜΠ' ΚΑΙ ΠΟΛ' ℨ123. ℭ143. Olymp. 60B.
 XXXVIII **1** als zwei stücke ΟΛΥΜΠ' ℨ535—538; name > ℭ478. Olymp. 393A—397A.
2 ℨ538. ℭ481   **3** ℨ538. ℭ481   **4** ℨ539. ℭ482   **5** ℨ539. ℭ482   **6** ℨ539. ℭ482. Olymp. 397B
7 ℨ539. ℭ482   **8** ℨ540. ℭ483   **9** ℨ540. ℭ483. Olymp. 397B   **10** ℨ540. ℭ483   **11** ℨ541.
ℭ483   **12** ℨ541. ℭ483. Olymp. 397C   **13** ℨ541. ℭ484. Olymp. 397C   **14** ΤΟΥ ΑΥΤΟΥ ℨ541;
Olymp. ℭ484. Olymp. 397C   **15** ℨ542. ℭ484   **16** ℨ542. ℭ484. Olymp. mit 17 verbunden
397D   **17** name > ℨ542₁₃–₁₄; Chrys. ℭ484   **18** ℨ542; ΤΟΥ ΑΥΤΟΥ > ℭ484. Olymp. 400A
19 ℨ542. ℭ484.

CATENEN ZU DEN PROPHETEN

A Paris. nat. gr. 159. XIII. jahrhundert. enthält die grofsen und kleinen Propheten mit zugaben. sehr dünnes bombycin. fol. text in der mitte; catene am rande. namen (sehr regelmäfsig) rot im text. die sehr flüchtige schrift ist schwierig zu lesen. (470 fol.)

B Paris. nat. gr. 155. X. jahrhundert. enthält Is. XXVI 12—ende. das letzte blatt fehlt. pergament 26 × 15 cm. 33 zeilen. schrift teils auf, teils unter der linie. text und catene hintereinander. text in schwarzer unciale. ebenso die namen, welche teils im text, teils am rande stehen. (240 fol.)

C Paris. nat. gr. 156. X. jahrhundert. enthält Isaias. pergament fol. text in der mitte, catene am rande. text in schwarzer unciale. namen ebenso im text. das pergament ist vielfach zerstört. (292 fol.)

D Paris. nat. gr. 157. XII. jahrhundert. enthält Is. XXVIII 9—XLI 24. pergament 30,5 × 21,5 cm. 35 zeilen. text in der mitte, catene am rande. namen rot im text regelmässig gesetzt. (95 fol.)

E Paris. nat. gr. 158. XII. jahrhundert. enthält Ieremias. pergament. grofs fol. text in der mitte, catene am rande. namen rot im text. (69 fol.)

F Paris. coisl. 17. XIII. jahrhundert. enthält Ezechiel. pergament. kl. fol. text und catene hintereinander. namen rot im text. (303 fol.)

𝔊 Michaelis Ghislerii Romani ex clericis regularibus, in Ieremiam Prophetam Commentarij. Item in Baruch, & breues D. Io. Chrysost. in Ieremiam explanationes, & octo Origenis Homiliae: quae omnia nunc primùm in lucem emittuntur ... Lugduni, Sumptibus Laurentii Durand. MDCXXIII. 2 bde. fol.

𝔐 Scriptorum veterum nova collectio e Vaticanis codicibus edita ab Angelo Maio ... tom. I. Romae In collegio urbano apud Burliaeum M.DCCC.XXV. gr. 4°. (pag. 161 ff.: Commentarii Variorum in Danielem.)

Basilius in Is. XXX. Cyrill. Alex. in Is. LXX. Euseb. in Is. XXIV. Theodoret in Proph. LXXXI.

CATENE ZU ISAIAS
PROLOGE aus A

1 ΚΕΦΑΛΑΙΑ ΗCΑΙΟΥ ΠΡΟΦΗΤΕΙΑC
   folgt liste der $\overline{\text{ΠΕ}}$ capitel.

2 ΠΡΟΛΟΓΟC ΤΟΥ ΛΟΓΙωΤΑΤΟΥ ΚΑΙ ΠΑΝΕΥΓΕΝΕCΤΑΤΟΥ ΚΥΡΟΥ ΙωΑΝΝΟΥ ΤΟΥ ΤΗC ΔΡΟΥΓΓΑΡΙΑC ΕΙC ΤΟΝ ΜΑΚΑΡΙΟΝ ΗCΑΙΑΝ
  τῆc προφητείαc τοῦ θεcπεcίου .... ἐντυγχάνουcι τὰ νοήματα.

3 ΤΟΥ ΑΓ' ΒΑCΙΛΕΙΟΥ ΕΠ' ΚΑΙCΑΡΕΙΑC ΕΙC ΤΟΝ ΗCΑΙΑΝ ΥΠΟΘΕCΙC ΤΗC ΒΙΒΛΟΥ Η ΦΑΝΕΡΑ ΚΑΙ ΑΥΤΟΘΕΝ ΛΗΠΤΗ
  ἐπειδὴ κατὰ χρόνουc γέγονεν ὁ προφήτηc...folgt zweimal ΤΟΥ ΑΥΤΟΥ
    ....τῆc ἁμαρτίαc cπίλων οὐκέτι.

4 ΤΟΥ ΑΓ' ΚΥΡΙΛΛΟΥ ΑΡΧΙΕΠ' ΑΛΕΞΑΝΔΡΕΙΑC ΕΙC ΤΟΝ ΗCΑΙΑΝ ΠΡΟΟΙΜΙΟΝ
  ἀcυμφανὴc μὲν ἀεὶ τῶν ἁγίων............ cυγγραφῆc ποιήcηται λόγον.

Prol. 2 Eus. 81C—82A cf. Klostermann p. 34   **3** anfang = Bas. 129B$_8$. ende 121D$_1$
4 Cyr. 9A—13A

5 ΘΕΟΔΩΡΗΤΟΥ ΚΥΡΟΥ ΥΠΟΘΕϹΙϹ ΤΗϹ ΗϹΑΙΟΥ ΠΡΟΦΗΤΕΙΑϹ
   ἅπαντες οἱ θεσπέσιοι προφῆται . . . . ϲυντομίας εἰς δύναμιν.
6 ΤΟΥ ΑΓ' ΑΘΑΝΑϹΙΟΥ
   οὗτος ὁ προφήτης καὶ ὡσηὲ . . . . ἐν τῷ τέλει περὶ ἡμ⟨έρας τῆς κρίσεως⟩
7 ΤΟΥ ΜΑΚΑΡΙΟΥ ΔΩΡΟΘΕΟΥ
   πάντες μὲν οἱ προφῆται προεφήτευον . . . . τοῦ κατὰ χ̅ν̅ μυστηρίου.
8 name fehlt
   ἡσαΐας ὁ μέγας προφήτης . . . . ἀπὸ τῆς ἡμέρας ἐκείνης.
   folgen 2 leere blätter, dann beginnt die

CATENE

1 ΒΑϹΙΛΕΙΟΥ τῶν παρ' ἡμῖν αἰσθητηρίων . . . . ὅρασις προσηγόρευται.
2 ΘΕΟΔΩΡΗΤΟΥ ὅρασιν καλεῖ τῶν . . . . βλέπει τὰ μὴ παρόντα.
3 ΒΑϹΙΛΕΙΟΥ ἐπειδὴ κατὰ γενεὰν . . . . παραβάσεως τοῦ νόμου.
4 ΚΑΙ ΜΕΤ ΟΛΙΓΑ ἡ μετωνυμικῶς οὖν . . . . μόγις χωρῆσαι δύνασθαι.
5 ΚΥΡΙΛΛΟΥ διαμαρτύρεται οὐρανόν . . . . τὸν ἠγαπημένον λαόν.
6 ΘΕΟΔΩΡΟΥ ΗΡΑΚΛΕΙΑϹ ϲυνεκάλει πως μάθησιν . . . . τῶν τοῦ θεοῦ ῥημάτων.
7 ΘΕΟΔΩΡΗΤΟΥ τούτους τοὺς μάρτυρας . . . . μωυσῆς ὁ μέγας.
8 ΤΟΥ ΑΥΤΟΥ οὐ γὰρ ἄνθρωπός φησιν ὁ . . . . περιέχοντες κτίσιν.
9 ΒΑϹΙΛΕΙΟΥ ὦ τῆς φιλανθρωπίας . . . . ἐκ τοῦ διαβόλου γεγέννηται.
10 ΚΥΡΙΛΛΟΥ λελυτρωμένος ὁ ἰσραὴλ . . . . ὄνου καὶ βοὸς κατόπιν ἔρχεται.

ZU CAP. XXVI 13 ff aus B

1 ΘΕΟΔΩΡΗΤΟΥ ἐνταῦθα τὴν ἀνταπόδοσιν . . . . παραγενόμενος ἐπὶ τῆς.
2 ΤΟΥ ΑΥΤΟΥ τὴν σὴν ἠσπασάμεθα . . . . ἄλλον οὐκ οἴδαμεν.
3 ΚΥΡΙΛΛΟΥ μονοτρόπους γὰρ εἶναι . . . . καὶ ἀληθείᾳ θεός.
4 ΘΕΟΔ' ΗΡΑΚ' ὅτι μὲν πάντων δεσποτεία . . . . . νεκρωθέντας ταῖς ἁμαρτίαις.
5 ΕΥϹΕΒΕΙΟΥ ΚΑΙϹ' ἡμεῖς μὲν οὖν φασι . . . . διασώσασθαι δυνήσεται.
6 ΚΥΡΙ' ἐπειδὴ δὲ κατὰ νοῦν . . . . τῆς ζωοποιούσης χάριτος.
7 ΤΟΥ ΑΥΤΟΥ ϹΧΟΛ' οἱ μόνον εἰδότες . . . . ἀπιστήσαντες τῶν ἰουδαίων.
8 ΘΕΟΔ' ΗΡ' οἱ γὰρ νενεκρωμένοι . . . . ἐνέκοψας ἁμαρτάνουσιν.
9 ΘΕΟΔΩΡΗΤΟΥ νεκροὺς καλεῖ τοὺς . . . . τοὺς ἑαυτῶν νεκρούς.
10 ΚΥΡΙΛΛΟΥ ἐκτός ϲου δὲ πάλιν . . . . ἄλλων ἔσεσθαι πιστούς.
11 ΤΟΥ ΑΥΤΟΥ πάντα γὰρ ἡμῖν παρὰ . . . . γὰρ τὸ κατάλειμμα.

Is. XXVI text nach B. A hat 2 τὴν ϲὴν εἰρήνην ἠσπασάμεθα . . . 1 ΘΕΟΔ' ΗΡΑΚΛ'
3—9 9ᵃ ΘΕΟΔΩΡΗΤΟΥ θεοῦ γὰρ κολάζοντος τίς ἐπαμῦναι δυνήσεται 10. 11.

5 Theod. 216A—217A 6 Ath. XXVIII 364B.
cat. 1 Bas. 132A_{5-12} 3 Bas. 137A_{7-11} 4 ib. $C_{4\ 13}$ 5 Cyr. 16A_{12}—B_5 9 Bas. 140A_2—B_8
10 Cyr. 20$B_{4?-7}$.
XXVI 3 Cyr. 580D_9—581A_2 5 Eus. 273C 6 Cyr. 581B_{10}—C_2 7 anfang ib. A_{10}
10 Cyr. 581C_2—D_{11} 11 anfang ib. B_8 ende D_{14}.

ZU CAP. XXX 6—15ª. aus B

1 ΚΥΡΙΛΛΟΥ λέοντα μὲν ἴσως.................ὑψηλὴν τίς ἀποστρέψει.
2 ΕΥCΕΒΙΟΥ ΚΑΙC' διὰ τὸ ἔρημον.................ἐνεργούντων δαιμόνων.
3 ΤΟΥ ΑΥΤΟΥ αὕτη τοίνυν ἡ ὅρασις................παρέδοσαν πλάνῃ.
4 ΘΕΟΔΩΡΗΤΟΥ ἔρημον δὲ καλεῖ...........ἀνοήτοις καὶ ἑξ [bricht ab].
5 ΘΕΟΔ' ΗΡ' θλίψιν ἐνταῦθα λέγει.............αἰγυπτίους ἀποστέλλουσιν.
6 ΕΥCΕΒΙΟΥ τῆς ἀλογίας καὶ...................αὐτοῖς ἰουδαίων λαῷ.
7 ΤΟΥ ΑΥΤΟΥ κατὰ γὰρ πολλὴν.......................ἑτέραν πόλιν.
8 ΑΠΟΛΙΝΑΡΙΟΥ ὅτι μὲν ἤνεγκαν..............βαβυλωνίους φοβούμενοι.
9 ΘΕΟΔΩΡ' φθίνει ὁ θεός........................τοῦ θεοῦ ῥοπή.
10 ΤΟΥ ΑΥΤΟΥ τὴν πολλὴν αὐτῶν..................ἐκεῖθεν γεγενῆσθαι.
11 ΤΟΥ ΑΥΤΟΥ κελεύεται ὁ προφήτης................παρέχον παρὰ ψυχήν.
12 ΘΕΟΔΩΡΟΥ ΗΡ' καὶ ἐνταῦθα πολλὴν..............καὶ εἰς βιβλίον.
13 ΘΕΟΔΩΡΗΤΟΥ ἐδέξατο τέλος ἡ..................τῆς ἰλῆμ ἐγεγόνει.
14 ΚΥΡΙΛΛΟΥ ὡς ἐσομένων κατὰ............νόμον τοῦ θεοῦ καὶ τὰ ἑξῆς.
15 ΚΥΡΙΛΛΟΥ πολλοῖς μὲν γάρ...................ἡμᾶς καὶ τὰ ἑξῆς.
16 ΕΥCΕΒ' ΚΑΙC' ταῦτα γὰρ οἱ..................φρονοῦντας ἔλεγον.
17 ΚΥΡΙΛΛΟΥ ὅτι πάντῃ τοὺς.................κατακομίσαι ταλαιπωρίαν.
18 ΘΕΟΔΩΡ' ΗΡ' ἐπειδὴ γὰρ καὶ....................πίπτον παραχρῆμα.
19   ὅτι μετὰ τὴν παράδοσιν..........χρόνῳ προεσήμανεν.
20 ΘΕΟΔΩΡΗΤΟΥ τὴν ἐπ' αἰγυπτίους................τοῦ ἁγγίου ὄστρακα.
21 ΚΥΡΙΛΛΟΥ χρησίμως δείκνυσιν............φιλάνθρωπος ὁ δημιουργός.
22 ΤΟΥ ΑΥΤΟΥ κολάζεται τοίνυν ὁ............λατρείᾳ προστιθέμενος.

ZU CAP. XLII 10 ff. aus B

ΤΩΝ ΕΙC ΤΟΝ ΠΡΟΦΗΤΗΝ ΗCΑΙΑΝ ΠΑΡΑΓΡΑΦΟΜΕΝΩΝ ΒΙΒΛΙΟΝ Γ̄.
1 ΚΥΡΙΛΛΟΥ ἐπέφαινεν ἡμῖν θεὸς..............ἁγίοις ἐπηγγελμένην γῆν.
2 ΕΥCΕΒΙΟΥ ΚΑΙC' τοῦτο χρῆναι ποιεῖν πάντας ἀνθρώπους.
3 ΘΕΟΔΩΡΗΤΟΥ ΚΥΡΟΥ [text fehlt].
4 ΘΕΟΔΩΡΗΤΟΥ καθάπερ γὰρ ἐν...................ἡ γῆ προσκυνεῖ.
5 ΘΕΟΔ' ΗΡΑΚΛ' ὥσπερ οὖν καὶ νῦν.............τάγμα τῶν ἀποστόλων.
6 ΕΥC' ΚΑΙC' ὡς ἀπὸ τῆς τοῦ...................σύμπασαν πεπληρῶσθαι.
7 ΤΟΥ ΑΥΤΟΥ ἀντικρὺς τοὺς ἀποστόλους..............καὶ διδάσκοντες.
8 ΤΟΥ ΑΥΤΟΥ τοὺς ἐν ταῖς ἐκκλησίαις............ἐμφαίνων τὸν τρόπον.
9 ΚΥΡΙΛΛΟΥ οἱ μακάριοι μαθηταί.................ἐνσάρκου παρουσίας.

XXX text nach B. C hat 1 ΚΥΡΙ' ΘΕΟΔΩΡΗΤΟΥ 4 ... καὶ ὁμοιώθη αὐτοῖς 7 ΕΥC'
8. 10. 13 14 name > 16 ... αὐτῷ ἔψεγον. 17. 18. 20. 21.

XXX 1 Cyr. 672 B$_{13}$—D$_7$ 2 Eus. 305 B$_{1-2}$ 3 ib. $_{4-6}$ 6 Eus. 305 B$_{16}$—C$_3$ 7 ib. C$_4$—D$_1$
14 Cyr. 673 A$_6$—C$_6$ 15 ib. C$_{11-16}$ 16 Eus. 305 D$_{7-9}$ 17 Cyr. 673 D$_{10}$—676 B$_1$ 21 Cyr. 673 B$_{9-11}$
22 ib. B$_{14}$—C$_2$.
XLII 1 Cyr. 857 B$_2$—860 D$_1$ 2 Eus. 389 C$_7$ 6 ib. C$_{10-12}$ 7 ib. C$_{13}$—D$_{12}$ 8 ib. D$_{12}$
9 anfang Cyr. 861 D$_2$

10 ΕΥϹΕΒΙΟΥ ἡ κατὰ τοὺς λοιποὺς .... τῇ χανανίτιδι.
11 ΚΥΡ' ἔνδειξις μεγάλη καὶ .... πρὸς ἀλήθειαν.
12 ΕΥϹΕΒ' ΚΑΙϹ' ἡ κηδὰρ δὲ ἐπέκεινα .... πέτρα ἦν ὁ χϲ.
13 ΤΟΥ ΑΥΤΟΥ οὕτω δὲ καὶ ἀνωτέρω .... εὐαγγελιζόμενος ιλημ[?]
14 ΑΝΔΡΟΝΙΚΟΥ ΚΟΙΝΟΒΙΑΡΧΟΥ ΕΠΙϹΤΟ' νήϲους τὰς ἐκκληϲίας ... αἱρετικῶν.
15 ΚΥΡΙΛΛΟΥ ὅτι δὲ περιέϲτη .... γῆς ὁ τῶν ὅλων θεός.
16 ΘΕΟΔ' ΗΡ' τὴν τοῦ ϲωτῆρος .... δυνάμει χρήϲεται.
17 ΘΕΟΔΩΡΗΤΟΥ ΚΥΡΟΥ αὐτὸς γὰρ κατέλυϲε .... κατέϲβεϲεν.
18 ΚΥΡΙΛΛΟΥ τὸ βοήϲεται τιθεὶϲ .... τῶν νενικημένων.
19 ΕΥϹ' ΚΑΙϹ' οὐ γὰρ ἀλόγωϲ .... οὐδὲν ἀπεκρίνατο.
20 ΚΥΡΙΛΛΟΥ ἐντεῦθεν εὖ .... μονογενὴς τοῦ θεοῦ λόγος.
21 ΤΟΥ ΑΥΤΟΥ τὸ ἐκτήϲω ἀντὶ τοῦ .... ἔργα ϲου καὶ ἐξέϲτην.
22 ΘΕΟΔΩΡΗΤΟΥ διὰ τούτων ἁπάντων .... δείξω ξηρά.
23 ΚΥΡΙΛΛΟΥ τίνες ἂν εἶεν οἱ .... τούτου πρὸς πλάνηϲιν.
24 ΚΑΙ ΜΕΤ ΟΛΙΓΑ ἀπρακτεῖ γὰρ .... ϲυζητὴς καὶ τὰ ἑξῆς.
25 ΚΑΙ ΠΑΛΙΝ νήϲους εἶναι .... θάλαϲϲαν ἐν πλοίοις.

ENDE der catene aus A

1 ΕΥϹΕΒΙΟΥ ὁ δὲ τέλος .... γραφῶν περιιϲταμένης.
2 ΤΟΥ ΑΥΤΟΥ ποίᾳ δὲ ϲαρκὶ ..... εὐχαῖς καὶ πρεϲβείαις πάντων τῶν ἁγίων ἀμήν.
3 ἡϲαΐας υἱὸς ἀμὼς ἦν ..... ἄκαρπον ἐποίηϲεν ὁ θεὸς ἀπὸ τῆς ἡμέρας ἐκείνης.

CATENE ZU IEREMIAS

PROLOGE aus A

1 ΤΟΥ ΑΓΙΟΥ ΑΘΑΝΑϹΙΟΥ ΕΙϹ ΤΟΝ ΙΕΡΕΜΙΑΝ
ἱερεμίας ὁ τοῦ χελινοῦ ἐκ τῶν ἱερέων .... ϲυναπαχθῶϲι τοῖς ϲεβομένοις αὐτά.
2 ΤΟΥ ΜΑΚΑΡΙΟΥ ΔΩΡΟΘΕΟΥ ΕΙϹ ΤΟΝ ΙΕΡΕΜΙΑΝ
καὶ οὗτος ἀξιωθεὶς προεῖπεν .... ἱερεμίας ἐκ ϲπέρματος ἦν ἱερέων

PROLOGE aus ⑬

1 Χρὴ καθὰ καὶ ἐν ταῖς .... ἐντυγχάνουϲι τὰ νοήματα.
2 ΤΟΥ ΑΓ' ΙΩΑΝΝΟΥ ΤΟΥ ΧΡ' ΑΡΧ' ΚΩ' ΕΙϹ ΤΟΝ ΙΕΡΕΜΙΑΝ
λεκτέον τίς ἡ προφητεία .... λίθος ἐπὶ λίθον.

Prologe folgen fol. 236ʳ auf die Isaiascatene. hinter 2 beginnt jedoch fol. 237ʳ die Ezechielcatene, während Ieremias erst 383ʳ folgt: (hier steht auch der prolog Ghisl. 1. cf. Klostermann p. 37).

10 Eus. 389 D₁₂—392 A₅ 11 Cyr. 864 B₅—C₁₁ 12 Eus. 392 A₇—B₁₀ 13 ib. B₁₂ 15 Cyr. 865 C₉—868 C₃ 18 Cyr. 868 A₁₁₋₁₅ 19 Eus. 392 C₃₋₁₂ 20 Cyr. 868 A₁₅—B₉ 21 ib. D₂₋₆ 23 Cyr. 869 A₅—B₅ 24 ib. B₁₁₋₁₇ 25 ib. C₆₋₁₇.
ende 1 Eus. 524 D₆—525 A₃ 2 Eus. 525 A₃₋₇.
Ierem. Prol. Ghisl. ⑬ I p. 15

3 ΚΑΙ ΜΕΤ ΟΛΙΓΟΝ τὸν μακάριον ἱερεμίαν ὡς τῶν ἄλλων σαφέστερον....ἀσαφῶς εἰρημένας.
4 ΚΑΙ ΜΕΤ ΟΛΙΓΟΝ γίνεται δὲ πάλιν.............αὐτοῦ τοῖς προφήταις.
5 ΕΥCΕΒΙΟΥ ΚΑΙC' ἀναγκαῖον δὲ εἰπεῖν...............cεδεκίου εἰρημένα.
6 ΕΚ ΤΩΝ ΑΥΤΟΥ ΕΥCΕΒΙΟΥ ΠΕΡΙ ΤΗC ΤΟΥ ΒΙΒΛΙΟΥ ΤΩΝ ΠΡΟΦΗΤΩΝ ΟΝΟΜΑCΙΑC ΚΑΙ ΑΠΟ ΜΕΡΟΥC ΤΙ ΠΕΡΙΕΧΕΙ ΕΚΑCΤΟC ἱερεμίας ὁ τοῦ χελκίου ἐκ τῶν ἱερέων· οὗτος καθὰ προεῖπον καὶ cοφονίας.........αἰθίοψ
.... ἀνήγαγεν αὐτόν.
7 ΕΞ ΑΝΕΠΙΓΡΑΦΟΥ προφητεύει ἐν ιλημ...............βαβυλῶνα θρηνεῖ.
8 ΚΑΙ ΜΕΘ ΕΤΕΡΑ ταῦτα διὰ τῆς............γὰρ ἀλλήλοις ὁμίλουν.
9 ΙΩΑΝΝΟΥ ΤΟΥ ΧΡ' ΕΚ ΤΩΝ ΕΙC ΤΟΝ ΠΡΟΦΗΤΗΝ ΙΕΡΕΜΙΑΝ ΕΡΜΗΝΕΙΑC τὸν μὲν χρόνον καθ' ὃν..............ἁπάντων δεικνύει τὸν θεόν.

CATENE ZU CAP. XXVI [hebr. XLVI] 13 ff. aus E

1 ΟΛΥΜΠ' λέγεται θεὸς ἐν................εἰς ἔργον ἐχώρει.
2 ΤΟΥ ΑΥΤΟΥ μέμφις καὶ τάφνος......................καὶ βασιλικαί.
3 ΤΟΥ ΑΥΤΟΥ ἑτοίμαcον cαυτὴν......................τοῦ βαβυλωνίου.
4 ΙΩ' βοτάνη ἐcτὶ πάντα κατατρώγουcα.
5 ΕΞ ΑΝΕΠΙΓΡ' παρεγγυᾷ τοῖς................κύκλῳ cου ἐκδεδώκαcι.
6   παρῆγεν ὁ καιρὸς ἀντὶ.............αἰγύπτου ἅλωcις.
7 ΙΩ' τὴν δύναμιν αὐτῶν λέγει τὴν ἐξοκείλαcαν.
8 ΟΛΥΜΠ' ὁ βαcιλεύς cου.................καὶ θεὸν νομιζόμενον.
9 ΕΞ ΑΝΕΠΙΓΡ' ἄπιν λέγει μόcχον................δεδήλωκε δαίμονα.
10 ΟΛΥΜΠΙΟΔ' οἱ ἐν τῇ αἰγύπτῳ.............τὴν πατρίδα ἡμῶν.
11 ΙΩ' ὅρα πῶς πάντα ἀκριβῶς..............τοῦ cφόδρα θαρρεῖν.
12 ΟΛΥΜΠ' οἱ ἀπὸ ἰώνων...............cυμμάχων βαβυλωνίου.
13 ΕΞ ΑΝΕΠ' μαχαίρας δέ φηcιν...............ἕλληνες παρ' αὐτῷ.
14 ΙΩ' καιρὸς παρεγένετο.................θαλάccῃ οὕτως ἥξει.
15 ΘΕΟΔΩΡΗΤΟΥ τὸ cαωνεcβεμωὴδ [?]...........εἰς τοὐναντίον μετέβαλε.
16 ΟΛΥΜΠ' τοῦτο τὸ ὄρος τῆς.............τῶν βαβυλωνίων.
17 ΙΩ' οὐκ ἔχει τις τοῦ cώματος...............ὡς ἀκρὶς ἦτε.
18 ⟨ΟΛΥΜΠ'⟩ ὅτι μέρος ἦτε...............εἷλεν αὐτήν.
19 ΤΟΥ ΑΥΤΟΥ cτρατιῶται τοῦτ' ἔcτιν..............εἰς cυμμαχίαν.
20 ΒΙΚΤΟΡΟC τὸ cιτευτοὶ τῶν..............οἱ μιcθωτοί cου.
21 ΙΩ' καὶ γὰρ καὶ τοῦτο..................πλῆθος ἡττήθητε.
22 ΤΟΥ ΑΥΤΟΥ τοῦτ' ἔcτιν ὀδυρόμενοι καὶ θρηνοῦντες.
23 ΟΛΥΜΠΙΟΔ' cτεναζόντων φηcὶν ἢ................ὄφις cυρίζει.

Ier. XXVI 18 name > mit 17 als éin stück E.

6 Athan. XXVIII 364 C.
XXVI 1—13 Ⓖ II 815—816 6 > Ⓖ 7 > Ⓖ 14—17 Ⓖ 817 14... ἥξει οὕτως ἔcται μέγας φηcὶ καὶ ἀχείρωτος Ⓖ 18—27 Ⓖ 819

24 ΕΞ ΑΝΕΠΙΓ´ ἀπαγομένη δέ φησιν.................... τὸ ἄκαρπον.
25 ΙΩ´ τοῦτ᾽ ἔςτιν οὐ βεβαίως.
26 ΟΛΥΜΠΙΟΔ´ ἕρποντες χαμαὶ.................. ςυρόμενοι αἰχμάλωτοι.
27 ΤΟΥ ΑΥΤΟΥ τὸ ἀνείκαςτον καὶ ὑπὲρ ἀκρίδα πλῆθος αὐτῆς.

CATENE ZU EZECHIEL
PROLOGE

1 Χρὴ τὸν ἐντυγχάνοντα τῆδε τῇ βίβλῳ................................
2 ΘΕΟΔΩΡΗΤΟΥ ὁ μακάριος Ἰεζεκιὴλ ὁ προφήτης ἤρξατο τῆς προφητείας.....
3 ΠΟΛΥΧΡΟΝΙΟΥ ἦσαν δὲ κατὰ τὸν καιρὸν ἐκεῖνον....................

CATENE ZU CAP. XI 14 ff. aus F

1 ΘΕΟΔΩΡΗΤΟΥ ἐνίους φηςὶ δορυαλώτους............ ποιήςομαι πρόνοιαν.
2 ΑΠΟΛΙΝΑΡΙΟΥ οὐ καλὸν τοίνυν....................... τοῦ πεπονθότος.
3 ΑΛΛΟΣ ἀμφοτέρων αἰτιᾶται θεὸς................ διαβεβαιοῦνται τὴν ἱλημ.
4 ΑΠΟΛΙ´ τέως γὰρ αὐτοὺς............................... ἁγίαςμα μικρόν.
5 ΠΟΛΥΧΡΟΝΙΟΥ ὥστε δήλους εἶναι................. ἀνακειμένους.
6 ΑΛΛΟΣ ἁγίαςμα μικρὸν τὸ.................. Ζαχαρίαν τὸν προφήτην.
7 ΘΕΟΔΩΡΗΤΟΥ τοῦτο δὲ καὶ ἡ......................... διετέλουν.
8 ΑΛΛΟΣ οὐ μόνον ἐν τῇ............................... τῶν κακῶν.
9 ΑΛΛΟΣ τοῦτ᾽ ἔςτι μεταβαλοῦνται τὴν γνώμην.
10 ΑΛΛΟΣ μετὰ τὴν ἐκ βαβυλῶνος................ εἰδωλολάτρηςεν ἡ ἱλημ.
11 ΤΟΥ ΑΓ´ ΚΥΡΙΛΛΟΥ ΕΚ ΤΟΥ ΚΑΤΑ ΙΩΑΝΝΗΝ ΕΥΑΓΓΕΛΙΟΥ
    τί οὖν ἐν τούτοις ὁ μέγας................ ἕξιν τὴν τρυφεράν.
12 ΘΕΟΔΩΡΗΤΟΥ διὰ τούτων δὲ................ τῶν ἀγαθῶν ἐργαςία.
13 ΤΟΥ ΑΥΤΟΥ πνεῦμα δὲ καινὸν.................... τοῦτο ἐδήλωςεν.
14 ΑΛΛΟΣ οὐκ ἔςονταί φηςιν ἀπειθεῖς καὶ δυςήνιοι.
15 ΘΕΟΔΩΡΗΤΟΥ οὐδεὶς δὲ τῶν........................ καὶ εὐήκοον.
16 ΑΛΛΟΣ εὐπειθεῖς ἔςονται πρὸς τὰς παραινέςεις.
17 ΘΕΟΔΩΡΗΤΟΥ τῆς γὰρ πολιτείας.................. χρηματίςουςιν.
18 ΠΟΛΥΧΡ´ εἰ γὰρ καί τινες....................... τὸν ἐπὶ ἀντιόχου.
19 ΘΕΟΔΩΡΗΤΟΥ ἐπειδὴ γὰρ τοῖς.................. τιμωρίαν ἐπάξω.
20 ΑΛΛΟΣ καὶ εἰς τὴν καρδίαν.................... ἀντὶ χρόνου ἐςτίν.
21 ΘΕΟΔΩΡΗΤΟΥ ταύτης γὰρ ἕνεκεν................ ἐθέλων γενέςθαι.
22 ΑΛΛΟΣ ταύτης γὰρ ἕνεκεν....................... αὐτοὺς ἐκόλαζον.
23 ΠΟΛΥΧΡ´ τοῦτο ἐπανάληψιν.................. ἔμπροςθεν εἰρημένων.
24 ΑΛΛΟΣ ὅρα πῶς κατὰ μικρὸν................. μέςης τῆς πόλεως.

Ier. 24 ... δυνάμενος ἀμύναςθαι 𝔊.
Ezech. Prol. 1—3 cf. Montfaucon bibl. coisl. p. 61.
XI 1 Theod. 900 B₅₋₁₃ 7 ib. D₁₋₅ 8 cf. Villalpandi I 144 B 10 ibid. 11 ibid.
12 Theod. 900 D₇ — 901 A₂ 13 Theod. 901 A₂₋₉ 15 ib.₁₂₋₁₆ 17 ib. B₄₋₇ 19 ib. B₁₄—C₂
21 nicht bei Theod.

25 ΠΟΛΥΧΡ' ἔcτι δὲ τοῦτο τὸ ὄροc..........................αἰcθητά.
26 ΘΕΟΔΩΡΗΤΟΥ οὐ γὰρ κατ' ἀλήθειαν..............ἕκαcτον ἐθεώρουν.
27 ΑΛΛΟC ἵνα δείξῃ ὅτι...........................καὶ οὐκ ἐν cώματι.
28 ΘΕΟΔΩΡΗΤΟΥ ἀντὶ τοῦ πέπαυμαι....................ὧν τε ἀκήκοα.

CATENE ZU SUSANNA UND DANIEL

PROLOGE aus A
1 τῇ τοῦ φιλανθρώπου καὶ παντοδυνάμου.................τὰ νοήματα.
2 ΑΘΑΝΑCΙΟΥ καὶ οὗτος ἐν τῇ αἰχμαλωcίᾳ..............ὑπὸ τῶν θηρίων.
3 ΔΩΡΟΘΕΟΥ καὶ οὗτος ἐν βαβυλῶν.................βοῦς ἤcθιε χόρτον.
4 ΑΦΡΙΚΑΝΟΥ ΠΕΡΙ ΤΗC ΚΑΤΑ CΩCΑΝΝΑΝ ICΤΟΡΙΑC
   χαῖρε κύριέ μου καὶ υἱέ.....................καὶ κατὰ νοῦν εὔχομαι.
5 καὶ ἐγένετο αὐτῷ........................ἐν εἰρήνῃ ὁ ὅcιος τοῦ θεοῦ.
6 ΩΡΙΓΕΝΟΥC ἀφρικανῷ ἀγαπητῷ ἀδελφῷ ἐν θεῷ πατρὶ διὰ ιυ̅ χυ̅ τοῦ ἁγίου παιδὸς αὐτοῦ εὖ πράττειν· ἡ μὲν cὴ ἐπιcτολὴ.....ἀπολινάριον ἄcπαcαι καὶ τοὺς ἀγαπῶντας ἡμᾶc.
7 ΙΠΠΟΛΥΤΟΥ ΕΠΙCΚ' ΡΩΜΗC ΕΙC ΤΗΝ CΩCΑΝΝΑΝ
   αὕτη μὲν οὖν ἡ ἱcτορία...................ἀποκτείνει τὸν ἄνθρωπον.
8 ΙΩ' ΑΡΧ' ΚΩ' ΕΚ ΤΟΥ ΕΙC ΤΗΝ CΩCΑΝΝΑΝ ΛΟΓΟΥ
   ἀγωνιζέcθω οὖν καὶ..........................ἀβλαβὴς ἡ ψυχὴ.

es beginnt die
CATENE ZU SUSANNA
1 ΙΠΠΟΛΥΤΟΥ οὗτος ὁ ἰωακεὶμ....................ὑπ' αὐτῶν ἀνῃρέθη.
2 ΑΜΜΩΝΙΟΥ οὗτος βαcιλεὺς ὢν.................ὑπὸ ναβουχοδονόcορ.
3 ΙΠΠΟΛΥΤΟΥ ἐκ γὰρ τοῦ καρποῦ.................προφήτην ἀπέδειξεν.
4 ΤΟΥ ΑΥΤΟΥ δεῖ οὖν ἐπιζητεῖν..............κατὰ τὸν νόμον πράccειν.
5 ΤΟΥ ΑΥΤΟΥ ἡ cωcάννα προετυποῦτο................τὸν δίκαιον.
6 ΤΟΥ ΑΥΤΟΥ ταῦτα μὲν οὖν αἱ..............τὸν καιρὸν γεγενημένον.
7 ΑΜΜΩΝΙΟΥ καλῶς εἶπε τὸ ἐδόκουν...........τῶν αὐτοῖς πειθομένων.
8 ΤΟΥ ΑΥΤΟΥ διὰ τὸ τιμᾶcθαι..............καθά τινες ἄρχοντες κόcμου.

nach dem ende der Susannacatene beginnen die

PROLOGE ZU DANIEL
1 ΤΟΥ ΑΓ' ΙΠΠΟΛΥΤΟΥ ΕΠ' ΡΩΜΗC τὴν ἀκρίβειαν τῶν χρόνων....ἔκδικον τῆς cωcάννας γενόμενον.

26 Theod. 904 A₆₋₁₂. 28 ende Theod. 904 B₄.
Sus. Dan. Prol. 𝔐 161 A mit der überschrift τοῦ ἐκλογέως περὶ τῆς κατὰ Δανιὴλ ἑρμηνείας ἱcτορία 2 Athan. XXVIII 356C 4 bei Orig. XI 41—48 6 Orig. XI 48—85
7 𝔅ℭ 10 V.
Sus. 1 𝔅ℭ 20 2 𝔐 163 A 3 𝔅ℭ 22 4 𝔅ℭ 22 5 𝔅ℭ 23 6 𝔅ℭ 22 7 𝔐 163 B 𝔅ℭ 10 V 8 𝔐 163 C.
Dan. Prol. 1 𝔅ℭ 2—10.

2 ΚΥΡΙΛΛΟΥ ΑΡΧ' ΑΛΕΞ' ΕΙC ΤΟΝ ΔΑΝΙΗΛ
ῥητῶν προκειμένων ἐκραταίωcαν .... καὶ εἰcακούcομαι αὐτόν.

CATENE ZU DANIEL I 1 ff. nach A

1 ΙΠΠΟΛΥΤΟΥ ταῦτα μὲν οὖν ἡ γραφὴ .... δανιὴλ εἰλημμένοι.
2 ΠΟΛΥΧΡ' ἄρχεται οὖν τῶν λόγων .... αὐτοῦ τὴν ἀποικίαν.
3 ΤΟΥ ΑΥΤΟΥ ἰcτέον δὲ καὶ διότι .... ἅλωcιc τῆc πόλεωc.
4 ΑΠΟΛΙΝΑΡΙΟΥ cημειωτέον δὲ καὶ .... ἡ τῶν ἐφεξῆc διήγηcιc.
5 ΕΥΔΟΞΙΟΥ ΤΟΥ ΦΙΛΟCΟΦΟΥ ἵνα μή τιc ἐκ προοιμίων .... αἰτίαc γένηται.
6 ΑΠΟΛΙΝΑΡΙΟΥ θεὸc ὁ παραδιδοὺc .... οὐ γινώcκεται.

CATENEN ZU DEN EVANGELIEN
I

A Paris. coisl. gr. 195. X. jahrhundert. enthält die Evangelien. pergament 28 × 19,5 cm. text in der mitte, catene am rande. 36 zeilen. namen schwarz im text. (468 fol.)

B Paris. nat. gr. 187. XI. jahrhundert. enthält die Evangelien. pergament 33,5 × 27 cm. text in der mitte, catene am rande. 48 zeilen. namen rot im text. (221 fol.)

C Paris. coisl. gr. 23. XI. jahrhundert. enthält die Evangelien. pergament fol. text in der mitte, catene am rande. namen rot im text. (288 fol.) Cramers vorlage.

D Paris. nat. gr. 189. XII. jahrhundert. enthält die Evangelien: Mt. und Mc. mit anonymen scholien. Lc. mit commentar Victors. Ioh. mit catene rec. l. pergament 31,5 × 23,5. text in der mitte, commentar am rande. namen golden im text, zuweilen am rande. (387 fol.)

E Paris. nat. gr. 209. XI/XII. jahrhundert. enthält Ioh. pergament 28 × 20,5 cm. text und catene hintereinander. 32 zeilen. text und namen in unciale. namen regelmässig schwarz im text. (349 fol.)

₵ Catenae Graecorum Patrum in Novum Testamentum edidit I. A. Cramer ... Oxonii, e typographeo Academico. M.DCCC.XLIV. vol. I. II.

Chrysostomus hom. in Mt. LVII. LVIII. in Ioh. LIX.

ZU MATTHAEUS CAP IX 32 ff.   ΚΕΦ' ΙΗ. ΙΘ.

1   χρὴ γινώcκειν ὅτι .... ἀρετὴν εἰργάζετο.
2   τί ἐcτιν ὅπερ περὶ .... ἐκβάλλει τὰ δαιμόνια.
3 ΘΕΟΔ' ΗΡ' ἄκραc ἀcεβείαc δεῖγμα .... θεραπεύων πάνταc.
4 ѠΡΙΓΕΝ' θεριcμὸν λέγει τὸν .... ἐρῶ τοῖc θεριcταῖc.
5 ΤΟΥ ΑΥΤΟΥ εἰ οἱ θεριcταὶ .... λόγον τῆc ἀληθείαc.
6 ΘΕΟΔ' ΗΡ' θεριcμὸν λέγει τοὺc δεομένουc διδαcκαλίαc.
7 ΚΥΡΙΛΛ' τοὺc μαθητὰc λέγει .... τὴν ὑπ' οὐρανόν.
8 ΤΟΥ ΧΡ' ἐργάταc ἐνταῦθα τοὺc .... πάcηc νόcου δέδωκεν.

I **Matth. IX.** hss. ABC 8 ... δέδωκεν τέλοc A

Dan. 1   1 𝔅 ₵ 10 VI. 𝔐 166 C   4 𝔐 166 E   5 name > 𝔐 166 D   6 𝔐 166 H.
I   **Matth. IX** 1—16 = ₵ 72₅,—76₁₁   1 Chrys 378₅₁—379₁₀   2 cfr. Chrys. 379₄₀—₄₃   8 ib. 379₅₂ ₅₄.

9   διὰ τοῦτο λέγει.....................εἶναι ἀποκρυπτόμενος.
10   τούτους τοὺς δώδεκα....................τὰ ἐκεῖ ἅπαντα.
11 ΚΥΡΙΛΛΟΥ ὅτι δεῖ πρῶτον....................θεῷ τὸν ἄνθρωπον.
12 ΘΕΟΔ' ΜΟΝΑΧ' διὰ τῆς σαρκώσεως..................χριστὸς καὶ θεός.
13 ΤΟΥ ΧΡ' ἵνα δὲ μὴ ἐπαρθῶσιν..................ἐβάδισαν δι' αὐτούς.
14 ΘΕΟΔ' ΗΡ' τὰς τοῦ χυ̅ δωρεὰς μὴ πωλήσητε.
15 ΤΟΥ ΑΥΤΟΥ τίς χρεία πήρας τοῖς μὴ ἐπαγομένοις ἐφόδιον.
16 ΤΟΥ ΑΥΤΟΥ ὅρα πῶς τὴν ἀκτημοσύνην............ἐκέχρητο ὁ χριστός.

CATENE ZU MARCUS CAP VII 31 ff. aus ABC   ΚΕΦ' Κ̅. Κ̅Α̅

1 ὁ θεὸς οὐχ ὅτι πρὸς τὴν..............κηρύττοντας τὸ παράδοξον.
2 ἤδη καὶ πρότερον.....................πράγματος ἀδύνατον.
3 ἠρώτα οὐκ ἀγνοῶν....................ἐνάγων τοὺς μαθητάς.
4 τοσαύτην τῆς ἐξουσίας................κατακλίνει τὸ πλῆθος.
5 εὐχαριστεῖ πρὸς θεόν.................εἶπε παραθεῖναι.
6 πανταχόθεν τὸ ἐνέργημα..............πλεονεξίαν ὑπάγεσθαι.
7 συνεισέρχεται τοίνυν.................οἱονεὶ παρῇ.
8 καλῶς πειράζοντες εἶπεν..............ἢ ἄλλό τι τοιοῦτον.
9 ἄλλος φησὶν οὗτος....................πονηρίᾳ συζῶντες.

CATENE ZU LUCAS CAP VIII 43 ff. aus ABC   ΚΕΦ' Κ̅Ϛ̅—ΚΗ

1 ΑΝΕΠ' πρόσεισι γυνὴ καλῶς..............δὲ τὸ παράδοξον.
2 ΑΝΕΠ' οὐκ ἦν τῷ κυρίῳ.................δικαίως ἐπαίνου.
3 ΑΝΕΠ' πρότερον μὲν οὐκ................εἶτα καὶ τὸ σῶμα.
4 ΤΙΤΟΥ ΤΟΥ ΒΟCΤΡΩΝ ἵνα γὰρ μή..........μελλούσης θαυματουργίας.
5 ΑΝΕΠ' ἀθορύβως περὶ τὴν..............εἰρημένον ἀπέδειξεν.
6 ΧΡΥCΟCΤ' ὅτι οὗτοι τῶν ἄλλων..........εἰ ἐκεῖνον ἀνέλοι.
7 ΚΥΡΙΛΛΟΥ ΑΛΕΞ' ἀληθὲς εἶπεν ὅτι.......πίστεως τῆς εἰς αὐτόν.
8 ΚΥΡΙΛΛΟΥ ΑΛΕΞ' καὶ τί τὸ ἀπόλυσον.....λαῷ ἀρχόμενοι.
9 ΤΟΥ ΑΥΤΟΥ κατακλίνατε αὐτοὺς..........τῷ πρώτῳ σημείῳ.

l   9 und 10 als éin stück C   13 geteilt... δωρεὰν δότε: 13ᵃ Οὐκ εἶπεν δὲ... τροφῆς αὐτοῦ: 13ᵇ Τὸ δὲ τοὺς ἀξίους... σοδόμων ὑπομένει: 13ᶜ Τὸ δὲ ἐκτινάξαι... ἐβάδισαν δι' αὐτούς AC. (C giebt 13ᵇ und 13ᵃ als éin stück.)

l   9 ib. 380$_{30}$—381$_7$, 10 ib. 381$_{10-45}$ 13 Chrys. 382$_{5-11, 16-21}$.
Marc. VII   1 D338$_{22}$—339$_{21}$ 2 D340$_{19}$—341$_4$ 3 D341$_{5-6}$ 4 anfang D341$_{14}$ 5 ende D341$_{21}$ 6 D341$_{20-32}$ 7 D342$_{3-5}$ 8 D342$_{12-15}$ 9 D342$_{15}$—343$_1$.
Luc. VIII   1—9 = D71$_2$—75$_{11}$.

CATENE ZU IOHANNES CAP V 1—14 ΚΕΦ Ζ

1	οὐχ ἁπλῶς δὲ τὸ................	cημεῖον ἑωρακότων.
2	ποία ἑορτή; ἐμοὶ...............	διακείμενοι cυνῇεcαν.
3 ΑΜΜΩΝΙΟΥ	προβατικὴ ἐκαλεῖτο.............	ἐκεῖ ἐπλύνοντο.
4 ΘΕΟΔΩΡ'	περὶ τῶν ε̄ cτοῶν...............	εἶχεν ἑτέραν.
5	τίc δὲ ὁ τῆc ἀcθενείαc...........	καὶ ἰώμενον νῦν.
6	καὶ μετ' ὀλίγον ἄγγελοc.........	τὴν καρτερίαν.
7 ΑΜΜΩΝΙΟΥ	ὧδε προδιεγράφετο.............	ἁμαρτημάτων ἐθεραπεύετο.
8	ἐν ταύταιc κατέκειτο............	οὐδὲ ἀπέγνω.
9 ΚΥΡΙΛΛΟΥ	τύποc καὶ ἡ πολυχρόνιοc........	ὑπακοὴν πίcτεωc.
10 ΑΠΟΛΙΝΑΡΙΟΥ	τὸ τριακοcτὸν καὶ.............	χρόνου πεπληρωμένου.
11 ΑΜΜΩΝΙΟΥ	οὐχ ὡc ἀγνοῶν................	ἐπιθυμίαν τοῦ θεραπευθῆναι.
12 ΤΟΥ ΧΡΥC'	τίνοc ἕνεκεν τοὺc..............	δόξῃ κομπάζειν.
13	κελεύει δὲ αὐτὸν................	φέρειν ἠδύνατο.
14	οὐκ ἀπαιτεῖ δὲ αὐτὸν...........	πεποιηκότα ἀπῄτει.
15	ᾖρε δὲ τὸν ἑαυτοῦ..............	ἄπιcτον ἐννόηcαc.
16 ΑΠΟΛΙΝ'	οὐκ ἂν εἶπον διὰ τί.............	λόγοc καὶ ῥῆμα.
17 ΧΡΥC'	χρὴ δὲ θαυμάζειν...............	ἀρρωcτίαc διορθώcει.
18 ΑΜΜΩΝΙΟΥ	τίνοc ἕνεκεν οὐκ εἶπον..........	εἰc μέcον ἦγον.
19 ΚΥΡΙΛΛΟΥ	αὐτὸc δὲ τούτου................	μαρτυροῦcι τῷ θαύματι.
20 ΑΠΟΛΙΝ'	τί δὲ μανθάνομεν...............	ἐκεῖ τιμωρίαc ἐcτίν.
21	τί οὖν; πάντα τὰ νοcήματα.......	τίκτουcι νοcήματα.

Ioh. A hat 1. 2. 3. 4. 5—6 zus. 7. 8. 12. 9. 10. 11. 13. 14. 15. 16. 17—21 namen >
B: 1. 2. 3. 4. 5—6 zus. 7—8 zus. 12. 9. 13. 14. 10. 11 und 15 zus. 16. 17—21
namen > 20—21 zus.
C: 1. 2. 3. 4—6 als eins, 6. 7—8 zus. 9. 10. 11. 12 namen > 13. 14. 15. 16—17 zus
16 name >. 17—19 zus. 17—21 namen >.
D: 1 ΑΠΟΛ' 2 ΧΡΥC' 3 ... ἐκαίοντο ἐκεῖ 4 ΒΑC' 5 ΩΡΙΓ' 6 ΑΜΜΩΝ' 7. 8.
9. 10. 11. 12. 13—14 zus. ΑΠΟΛ'. 15. 16 name > 17. 18. 19. 20. 21.
E: 1 Ιω'. 2 Ιω'. 3. 4 >. 4ª ΘΕΟΔ' μετὰ τὰc ἐν κύκλῳ ... ἐνδόcθαι ἀποπλύνεcθαι.
5—6 zus. Ιω'. 6ª am rande CHM' ἀλλ' οὐ λέγει ὅτι ... ἐν αὐτῇ καὶ τὰ ἐν ἐκείνῃ (?) folgt
noch ein gänzlich verlöschtes stück 7. (8 >) 9. 10. 11. aus 12 Ιω' διὰ τοῦτο ἠρώτηcεν ...
ῥημάτων βούλεται. 12ª ΑΜΜΩΝ' ἄγγελοc κατιὼν ἐπὶ ... οὐ χωρούcηc εἰc τὸ ἑξῆc. 12ᵇ Ιω'
cκόπει τῆc ιυ cοφίαc ... κλίνην φέρειν ἐδύνατο. 16. aus 17 Ιω' μονονουχὶ λέγων ... καὶ
ἀνεκήρυττεν. aus 19 Ιω' τί δήποτε ἔκρυψεν ... τῷ θαύματι. 20. 20ª ΚΥΡΙΛΛ' πρόφαcιν
τὴν πρὸc αὐτὸν ... τοῦ πᾶcιν δικάcοντοc. (21 >.)

Ioh. V 1—20 = D227₅₄—231₅₁: die varianten = C. 1 Chrys. 203₁₇₋₂₁ 2 ib.₂₂₋₂₉
9 Cyr. 337 C₅₋₁₁ 12 cf. Chrys. 204₅₇₋₆₉. 207₅₁₋₆₀ 14 cf. Chrys. 309₁₋₅ 15 cf. ib.₁₉₋₂₂ 17 ib.₂₃₋₄₅.
19 E = Chrys. 210₁₋₁₂.

II

F Paris, coisl. gr. 24. XI. jahrhundert. enthält Mt. und Mc.-Victor. pergament 30 × 23 cm. ohne text. 1 columne. 31 zeilen. namen rot am rande. (224 fol.)

G Paris. nat. gr. 230. XI. jahrhundert. enthält Mt; Mc. Lc. Ioh. mit anonymen scholien. pergament 26 × 20,5 cm. text in der mitte, catene am rande. 57 zeilen. namen rot am rande. (587 seiten).

PROLOGE ZU MATTHAEUS

ΕΡΜΗΝΕΙΑ ΕΙC ΤΟ ΚΑΤΑ ΜΑΤΘΑΙΟΥ ΑΓΙΟΝ ΕΥΑΓΓΕΛΙΟΝ

1 οὔτε πλείονα τὸν ἀριθμὸν.......... πάντα εἰς ἑαυτὴν ἡ τοῦ εὐαγγελίου.
2 ΑΝΕΠΙΓΡ' εἴποιμι δ' ἂν ὅτι καὶ............... ταῦτα κατὰ νοῦν ζήτει.
3 ΧΡΥCΟCΤ' τί δήποτε τοσούτων................ἐν οἷς πολλὴ cυμφωνία.
4 ΑΝΕΠΙΓΡ' ὁρίζουcι δέ τινες τὸ......................τὸ προcδοκώμενον.
5 ΧΡΥCΟCΤ' οὐ μόνον γὰρ κρίcεως................ὥρμηcε τὴν cυγγραφήν.

BEGINN der CATENE

1 ὁ ματθαῖος ἀπὸ τῆς γενέσεως......................τὸ βιβλίον ἐκάλεσεν.
2 ΑΝΕΠΙΓΡ' ἡ βίβλος γενέσεως ἐστὶ............λόγου cαρκώcεως γέγονεν.
3 ΩΡΙΓΕΝΟΥC ἡ τοῦ χριστοῦ γέννησις............ἔχουcα ἐκ πνc ἁγίου.
4 ΘΕΟΔΩΡΗΤΟΥ ὁ μὲν μακάριος ματθαῖος........δικαίους ἐπαγγελίαι.
5 CΕΥΗΡ' χρὴ τοίνυν εἰδέναι cαφῶς....................ἀδελφοῖc ὁμοιωθῆναι.
6 ΕΥCΕΒΙΟΥ ΚΑΙC' τὸ ἰηcοῦc ὄνομα.................τῷ ιυ τῷ χῷ cου.
7 ΧΡΥCΟCΤ' ἀλλ' ἵνα μὴ ἀκούcας................οὕτως ὡς βαcιλεύς.

ZU CAP IX 32—X 1   ΚΕΦ' ΙΗ

1 οὐ τῆς φύcεως τὸ πάθος......................δῆμος οὕτως.
2 ἐλύπει δὲ τοὺς φαρισαίους................τῷ φύσει ἀγαθῷ θεῷ.
3 κώμας καὶ πόλεις περιήει.............πανταχοῦ περινοστῶν.
4 ἐδίδαcκε μὲν ἑρμηνεύων............ κομίζεσθαι τοῦ πνεύματος.
5 οἱ ὄχλοι ὡς μόνῳ διδαcκάλῳ.....................ὡς οὐδενὸς ὄντος.
6 ἤτοι ἐργάτας λέγει...................... ἐκβάλῃ ἐργάτας.
7 ὡς αὐτὸς κύριος..................ἀποστόλων λέγει ταῦτα.
8 θεριcμός ἐcτι τῶν ἐπὶ..................δεῖσθαι θεριστῶν.
9 ὁρᾶτέ φησιν ὅση μὲν................τῶν υἱῶν τῶν ἀνθρώπων.
10 θεριcτὰς δὲ τοὺς ἀποστόλους..........ἀποστέλλει τοὺς μαθητάς.

ENDE der catene: ἅμα τῷ ἀνάρχῳ πατρὶ καὶ τῷ παναγίῳ καὶ ἀγαθῷ καὶ ζωοποιοῦντι πνεύματι νῦν καὶ ἀεὶ καὶ εἰς τοὺς αἰῶνας τῶν αἰώνων ἀμήν. ΕΥΑΓΓΕΛΙΟΝ ΚΑΤΑ ΜΑΤΘΑΙΟΝ· cτιχ' ΒΧ. τὸ κατὰ ματθαῖον εὐαγγέλιον ἐξεδόθη ὑπ' αὐτοῦ ἐν ἱερουσαλὴμ μετὰ χρόνους ὀκτὼ τῆς χριστοῦ ἀναλήψεως.

---

11 **Matth. Prol.** 3 Chrys. 16₂₆—17₅ 7 anfang Chrys. 27₁.

III

H Paris. nat. gr. 194. XIII. jahrhundert. enthält Mt Mc. mit anonymen scholien. pergament 27,5 × 21 cm. text und commentar hintereinander. die textworte anfangs rot. namen regelmässig rot am rande. (241 fol.)

𝔓 Symbolarum in Matthaeum tomus prior, exhibens catenam Graecorum Patrum unius et viginti, nunc primum editam ex bibliotheca Illustrissimi D. Caroli de Montchal ... Petrus Possinus é societate Iesu ... ex antiquissimis membranis eruit ... Tolosae, excudebat Ioannes Boude. M.DC.XLVI. fol.

CATENE ZU MATTHAEUS CAP IX 32—X 1

1 ΧΡΥ' τὸ τοιοῦτον πάθος................λαλιὰν αὐτοῦ κωλύοντα.
2 ΧΡΥ' οὐχ ὡς οἱ προφῆται..................ἃ ὁ χριστὸς ἐνήργει.
3 ΧΡΥ' ἄλογον γὰρ καὶ....................ἐργάζεταί τε καὶ ποιεῖ.
4 ΧΡΥ' πολλῇ χρησάμενος..................καὶ θαυματουργῶν.
5 ΧΡΥ' ἔρημοι γὰρ ἦσαν..............θηρίων ἀπολυτρούμενος.
6 ΧΡΥ' θερισμὸς ὁ λαός...............τοὺς ιβ' μαθητὰς αὐτοῦ.
7 ΧΡΥ' ἐξελέξατο τοὺς μαθητὰς.................καὶ ἀληθείας.
8 ΧΡΥ' ᾔδει γὰρ ὁ σωτὴρ..................καὶ Ἰσκαριώτης.
9 ΘΕΟΔ. ΗΡ' διὰ βεβαιοτέραν πίστιν...............ἡμῖν ὁ χς.
10 ΩΡ' δώδεκα μαθητὰς ὁ σωτὴρ...............μαθητὰς ἐποίησεν.
11 ΧΡΥ' μετὰ τὴν τῶν ἀποστόλων................καὶ τὸ ἔσχατον.
12 ΚΥ' δίκαιον γάρ ἐστιν πρὸς..............Ἰουδαίαν οἰκήσαντας.
13 ϹΕΥΗΡ' εἰ γὰρ μὴ τοῦτο ἐποίει..............ἂν καὶ αὐτοῖς.
14 ΩΡ' κατὰ μὲν τὸ αἰσθητὸν.................ἀληθείας λόγος.
15 ΘΕΟΔ'. ΜΟΨ' οἱ σαμαρεῖται πόλεις............ἀλλὰ μὴ ἀπέλθητε.

IV

J Paris. nat. gr. 202. XII. jahrhundert. enthält Mt. pergament 31 × 20,5 cm. text und catene hintereinander, text rot. 27 zeilen, namen rot am rande, zuweilen im text. (378 fol.)

ℭ Symbolarum in Matthaeum tomus alter, quo continetur catena Patrum Graecorum triginta, collectore Niceta episcopo Serranun. interprete Balthasario Corderio societatis Iesu theologo. Prodit nunc primum ex bibliotheca electorali serenissimi utriusque Bavariae Ducis. Tolosae, excudebat Iohannes Boude. M.DC.XLVII. fol.

CATENE ZU MATTHAEUS CAP IX 32—X 1

1 ΤΟΥ ΧΡΥϹ' οὐ τῆς φύσεως ἦν..............διορθοῦνται τὸ νόσημα.
2 ΤΟΥ ΧΡΥϹ' ὁ δὴ μάλιστα ἡνία..............ἀνιάτως ἔχοντα.
3 ΤΟΥ ΘΕΟΛΟΓ' σὺ δὲ εἰ κωφὸς.............ἀσπὶς πρὸς ἐπάσματα.
4 ΤΟΥ ΧΡΥϹ' τούτου δὲ τί..............λοιδωρίας φησὶν ὁ εὐαγγελιστής.

III **Matth. IX 1—15** = 𝔓 130—136.
IV **Matth. IX 1—13** = ℭ 345—351 **1** Chrys. 378,21-27 **2** ib 30-34 **3** ΝΑΖΙΑΝΖΗϹ ℭ
4 Chrys. 378,49-52

5 ΤΟΥ ΧΡΥC' οὐ μόνον αὐτοὺς .... cαλευομένη ἐπαγγέλλεcθαι.
6 ΤΟΥ ΧΡΥC' θέα δέ μοι κἀνταῦθα .... ἐκβάλλει τὰ δαιμόνια.
7 ΤΟΥ ΧΡΥC' ὅρα πάλιν τὸ ἀκενόδοξον .... τῶν προφητῶν ἔσπειρε.
8 ΒΑC' ἔcτι τι καὶ λογικὸν .... εἰc οὓc ἂν ἔλθωcιν.
9 ΙCΙΔωΡ' τοῦτο οἶμαι δηλοῦν .... μετασκευασθήσεται ὄργανον.
10 ΝΕΙΛ' εἰ δὲ πνικῶc τὸ ῥηθὲν .... ἄροτρον ἐπιβάλλομεν.
11 ΤΟΥ ΧΡΥC' καίτοι οὔπω ἦν .... οὐδ' ἄνευ πνεύματοc.
12 ΤΟΥ ΘΕΟΛΟΓ' ἐνήργει γὰρ καὶ .... καὶ συμπολιτευόμενον.
13 ΤΟΥ ΧΡΥC' cκόπει μοι νῦν καὶ .... δηλῶν λέγων οὕτω.

V

K Paris. nat. gr. 193. XVI. jahrhundert. enthält Mt. mit anonymen scholien und Lc. VI 31 — VII 19 mit catene V. papier 33 × 23,5 cm. text und catene hintereinander. 27 zeilen. namen rot im text. (172 fol.)

CATENE ZU LUCAS CAP. VI 31 ff

1 ΕΚ ΤΟΥ ΚΑΤΑ ΜΑΤΘ' ΒΑCΙΛΕΙΟΥ ΕΞΑΗΜΕΡΟC οὐ τοίνυν ἡμῖν .... cώματι
    ἡ ὑγιείᾳ.
2 ΙCΙΔωΡΟΥ οἱ μὲν οὖν παρ' ἕλληcι .... εἰc ἐκείνουc γινέcθω.
3 ΧΡΥC' ΑΝΔΡΙΑΝΤωΝ ἱκανῶc μὲν οὖν .... τὸ κακὸν ἀνθαιρώμεθα.
4 ΧΡΥC' ΠΡΟC ΔΗΜΗΤΡ' εἶπεν ὅτι δεῖ τοὺς .... ἐξ ἐναντίαc ἱcτάμενοι.
5 ΤΟΥ ΑΥΤΟΥ ΠΡΟC ΚΟΛΑCCΑΕΙC καὶ ἡ οὐ φιλοῦντεc .... ἐχθροὺc ἀγαπᾶν.
6 ΤΟΥ ΑΥΤΟΥ ΧΡΥC' ΚΑΤΑ ΜΑΤΘ' ὁ δὲ χc καὶ μείζονι .... ἀπολάβωcι τὰ ἴcα.
7 ΓΡΗΓ' ΝΥCC' ΕΙC ΤΟΝ ΕΚΚΛΗCΙΑCΤΗΝ τὴν πονερὰν τῶν .... δειλαίων
    κατονομάζουcιν.

VI

L Paris. nat. gr. 208. XIV. jahrhundert. enthält Lc. anfang und ende fehlt. papier 30 × 22 cm. text und catene hintereinander, text rot. 32 zeilen. namen sehr regelmässig rot am rande, auch titel der schriften häufig citiert. (460 fol.)

CATENE ZU LUCAS CAP. VIII 43—46.   ΚΕΦ' ΚϚ

1 ΑCΤΕΡΙΟΥ γυνή τιc ἀcθενοῦcα .... προcπεcεῖν τῷ κυρίῳ.
2 ΒΙΚΤΟΡΟC προcείcιν οὖν ἡ γυνὴ .... ἐλπίcαι τὴν ἴαcιν.
3 ΧΡΥC' καὶ παραχρῆμα τῇ .... κηρύττει τὸ γύναιον.
4 ΒΙΚΤΟΡΟC αὐτίκα δὲ ἔcτη .... τῆc ἰάcεωc ἔτυχε.
5 ΧΡΥC' ΚΑΤΑ ΜΑΤΘ' τίνοc δὲ ἕνεκεν .... ὑγιείαc οὕτωc προcῆλθεν.
6 ΠΡΟC ΡωΜ' καὶ οἱ μὲν ἄλλοι .... ἔcτησεν αἱμάτων πηγάc.
7 ΚΥΡΙΛΛ' οὐκ ἠγνόει δὲ .... ἐρωτᾷ καί φηcιν.
8 ΤΟΥ ΑΥΤΟΥ οὐκ ἀπιθάνωc δὲ .... ταχύτερον ἀποκρινόμενοc.

IV 5 ... εὐεργεcίαιc μείζοcιν Chrys. 378₃₆—379₅ 5ᵃ ΑΝΕΠ' τὸ εὐαγγέλιον ποτὲ μὲν ... cαλευομένην ἐπαγγέλλεcθαι βαcιλείαν ℭ 6 ΝΙΚΗΤΑ ℭ steht nicht bei Chrys. 7 Chrys. 379₂₄—380₃ 8 ... τοὺc ἀcτάχυαc ℭ 9 ΙCΙΔ' τούτοιc τοῖc ... ἔcωθεν ἐκβάλλεται ℭ 11 ... ἐξουcίαc αὐτοῦ ℭ = Chrys. 380₁₄₋₁₇ 12 ΝΑΖ' ἕωc δὲ οὐδὲ ἄνευ ℭ 13 Chrys. 380₁₉₋₅₀.

9 ΤΟΥ ΑΥΤΟΥ ἆρ' οὖν φιλοδόξως.................... τὸ θυγάτριον αὐτοῦ.
10 ΧΡΥC' ΚΑΤΑ ΜΑΤ' καὶ ἄλλων δὲ.................... ἦν ἀνεπτορωμένη.
11 ΒΙΚΤωΡ' γινώσκομεν ἄρα ὅτι........................ δικαίως ἔπαινον.
12 ΤΙΤΟΥ πῶς γὰρ οὐκ ἐπαίνου...................... τοῦ ἱματίου αὐτοῦ.
13 ΚΥΡΙΛΛ' οὐ γὰρ ἐξῆν τοῖς....................... ἀλλὰ θεόςδοτον.
14 ΑCΤΕΡΙΟΥ ἤκουςε τῶν ἀφώνων.................. τοῦ ἱματίου κράςπεδα.
15 CΕΒΗΡΟΥ πλὴν ὁ κύριος ἐπυνθάνετο.............. ῥέοντος ἀνιμήςατο.
16 ΤΟΥ ΑΥΤΟΥ ΕΝ ΥΠΑΚΟΗ καὶ διενοήθη πιςτῶς...... αἵματος ἀνεξήρανεν.
17 ΧΡΥC' πλὴν οὐχὶ τὰ ἱμάτια...................... ἅψωμαι ςωθήςομαι.
18 ωΡΙΓ' καὶ οἱ μὲν μαθηταὶ..................... δι' εὐλάβειαν.
19 ΤΙΤΟΥ ὅςοι δὲ μὴ πιςτῶς..................... εἰς ἑνότητα ςυνάγεται.

VII

M Paris. nat. gr. 212. XIII. jahrhundert. enthält Ioh. X 6—ende. pergament 32,5 × 22 cm. text und catene hintereinander, text durch » markiert. 29 zeilen. namen rot am rande. (352 fol.)

CATENE ZU IOHANNES CAP. XII 3 ff.

1 ΧΡΥ' ἡ μαρία οὐ διηκόνει............................ οἵαν οἱ πολλοί.
2 ΚΥΡΙΛΛ' τῆς μάρθας οὖν.................... τῆς πίςτεως τέλειον.
3 ΓΡΗΓ' ΝΥCC' δοκεῖ δέ μοι προφητικῷ.............. εὐωδιάζει τὸν κύριον.
4 ΚΛΗΜΕΝΤΟC ἔςτι τὸ μῦρον ςύμβολον............ ἑβραίους δὲ ἁμαρτίας.
5 ΓΡΗΓ' ΝΥCC' περὶ δὲ τῶν τριχῶν................ ὡς ἑτέρως ἔχει.
6 [rasur] λέγει ἰούδας ὁ ἰςκαριώτης............. βαλλόμενα ἐβάςταζεν.
7 ΧΡΥ' ἐπετίμηςεν ὁ ἰούδας.................... καθάπαξ πηρωθείς.
8 ΚΥΡΙΛΛ' ἐπιτιμᾷ γοῦν ὁ προδότης................ εἶναι τῶν πτωχῶν.
9 ΧΡΥ' μᾶλλον δὲ πρὶν..................... τὸ ἀναθεῖναι οὐκέτι.
10 ΚΥΡΙΛΛ' ὁ μέντοι εὐαγγελιςτής.................. πένητας ἀνήλιςκον.
11 ΓΡΗΓ' ΝΥCC' τότε μέντοι καθαρά.............. χρόνῳ ςυνεκτεινόμενον.
12 ΧΡΥ' καὶ ταῦτα μὲν οὕτως.................... τὸ πάςχα βρώςεται.

VII. Ioh. XII 1 Chrys. 362₅₅₋₆₁ 7 anfang Chrys. 363₁.

REGISTER
DER BESCHRIEBENEN HANDSCHRIFTEN DER PARISER NATIONALBIBLIOTHEK

gr.	128	seite	13. 16. 17f. 37.	gr.	166	seite	14. 21. 55.
	129	„	13. 16. 17f. 37.		171	„	13. 22. 56.
	130	„	13. 14. 17f. 37.		172	„	14. 22f. 57.
	131	„	14. 17f. 37.		187	„	13. 24. 78.
	132	„	13. 14. 17f. 37.		189	„	13. 14. 24. 78.
	133	„	13. 17f. 37.		193	„	13. 25. 83.
	134	„	13. 23. 66.		194	„	14. 25. 82.
	135	„	14. 23. 66.		202	„	13. 16. 25. 82.
	138	„	23. 65.		208	„	14. 25. 83.
	139	„	9. 11. 13. 16. 19f. 44.		209	„	13. 24. 78.
	140	„	14. 21. 47.		212	„	12. 14. 25. 84.
	141	„	13. 21. 47.		230	„	14. 25. 81.
	143	„	21. 53.		454	„	29 ff.
	146	„	13. 21. 47.	suppl. gr.	1157	„	21. 47.
	148	„	11. 14. 44.	coisl. gr.	5	„	13. 17f. 37.
	151	„	10. 11. 13. 22f. 57. 65.		6	„	13. 17f. 37.
	152	„	22f. 57.		7	„	13. 17f. 37.
	153	„	14. 22f. 57.		8	„	10. 11. 13. 17f. 37.
	154	„	12. 14. 22f. 57.		9	„	14. 23. 66.
	155	„	12. 14. 23. 71.		10	„	10. 21. 54.
	156	„	12. 71.		12	„	12. 13. 21f. 55.
	157	„	13. 24. 71.		15	„	13. 14. 22f. 57.
	158	„	13. 24. 71.		17	„	13. 24. 71.
	159	„	13. 23f. 71.		23	„	13. 24. 78.
	161	„	14. 17f. 37.		24	„	14. 25. 81.
	162	„	13. 23. 65.		187	„	10. 13. 21. 54.
	163	„	13. 21. 47.		189	„	13. 14. 22. 55.
	164	„	14. 22. 56.		195	„	13. 24. 78.